선우 올리브 북스

풍경이 있는 테마에세이

선우 올리브 북스 ⑤

즐거움 樂

1판 1쇄 인쇄 | 2007년 3월 15일
1판 1쇄 발행 | 2006년 3월 20일

지은이 | 이정원
펴낸이 | 이선우
펴낸곳 | 도서출판 선우미디어
등록 / 1997. 8. 7   제2-2416호
100-846 서울 중구 을지로3가 104-10
신성빌딩 403 ☎ 2272-3351, 3352 팩스: 2272-5540
E-mail: sunwoome@hanmail.net
Printed in Korea ⓒ 2007. 이정원

값 6,000원

※잘못된 책은 바꿔 드립니다
※저자와의 협의하에 인지 생략합니다

ISBN 89-5658-132-0 03810
ISBN 89-5658-127-4 03810(세트)

즐거움 樂

꽃에 담은 마음의 오계절 ④

이정원

선우미디어

작가의 말

고백의 문학이라는 수필에 이십 팔 년 동안 뭍꽃과 물꽃의 이야기만을 담아왔다.

喜기쁨, 怒노여움 · 안타까움, 哀슬픔 · 그리움, 樂즐거움 그리고 내 이름 가운데 글자인 靜고요함.

저절로 '꽃에 담은 마음의 오계절'이 됐다. 마지막 계절인 靜에 이르기 위해 긴 기간 꽃수필을 써온 게 아닌가 하는 생각이 든다.

한 차례 흔들림이 있을 때 들었던 꽃들의 아우성이 떠오른다.

"네 맘대로 써내다가 이제 와서 그만 두면, 남아 있는 우리의 기다림은 어디로 가라고."

꿈 속까지 따라오는, 곱지만 날카로운 그 아우성에 못 이겨 다시 쓰기로 작정했었다.

"차라리 꽃수필을, 터져나오듯 꽃이 피는 사월에 태어난 내 생명의 작업으로 여기자꾸나. 모자라는 말로 그려내느라 저네들 얼굴을

엉망으로 만들어 놓았다고, 종당에는 꽃들의 지옥에 끌려가는 한이 있더라도."

다섯 계절의 꽃이야기를 묶는 동안 힘이 되어준 많은 이에게 고마움을 느꼈다. 풍수조경가인 남편과 자연과학도이면서 트럼펫을 부는 아들 준호, 두 남자에게 특히 그렇다.

꽃사진 주신 에드몬드 수사님과 조여선님과 늘 꽃 들고 찾아오는 제자 병국과 선우미디어의 선우님과 은영님에게도 물론.

시어머님과 친정어머님은 아니 계시니 안타까울 뿐이고, 영원한 老兵이신 친정아버님과 성모님께서 애썼다고 등 두드려 주시면 좋겠다.

2007년 3월

이정원

풍경이 있는 테마에세이

즐거움 樂

이정원

작가의 말   4

산딸나무꽃 친구   8
쪽동백과 꿈이   13
겹벚꽃 아가씨   19
병아리 꽃나무 합창단   25
사과꽃 농장   30
장다리꽃 아이들   35
민들레 홀씨 시인   46
해인사 연꽃   51
아일랜드 크로바꽃 방   56
아기 고오데시아   60
채송화 미사   64
개나리 천사   66

금잔화 유치원　73

엔젤의 캠프　78

무궁화 꽃지도　83

아마릴리스 신부님　88

페츄니아 축제　92

병꽃나무 산　97

울릉국화 계단　102

꽃무늬　106

저녁 버스와 장미　110

후박꽃 닮은 여자　117

황금색 국화　122

거베라 헌정　127

동자꽃 스님　132

산딸나무꽃 친구

사람에게 지친 마음을 꽃나무에게 풀러 갔다. 그 산 휴양림에 있는 꽃나무라면, 말하지 않아도 마음 알아주는 오랜 친구처럼 맞아줄 듯했다. 한데 꽃이 흐드러져 피는 계절이 지나서일까.

막상 꽃을 달고 있는 나무는 찾기가 어려웠다. 휴양림으로 들어오는 길가에서 하얀 꽃을 피운 찔레나무는 보았지만 차로 지나는 바람에 가까이 하지는 못했다.

배정받은 숙소에 짐을 놓고 조별로 나무 공부를 하러 나섰다. 그 길에서도 시들어가는 노란 괴불꽃과 보라색 붓꽃이 눈에 띌 뿐. 피었다 떨어진 쪽동백의 꽃잎을 발밑에서 주워드는 게 다였다. 등산로를 중간쯤 오를 무렵에야 하얗게 핀 꽃을 아직 떨구지 않고 있는 산딸나무를 한 그루 만났다. 반색을 하며 다가가 말을 건넸다.

"많이 찾았어."

"왜 꼭 나지?"

"꽃을 단 나무가 너밖에 없으니까."

"꽃이 있어야 하는 이유는?"

"꽃은 아름답지만 아픈 사연을 담고 있잖아. 아픈 사연을 담은 존재가 아름다움으로 화한다는 것 자체가 위안이니까."

"둘이서만 이야기 할 수 있는 시간에 다시 와. 지금은 얼굴이 너무 많아."

나무 공부를 마치고 내려와 산나물 반찬으로 저녁을 먹고 별이 떠 있는 잣나무 숲에서 시낭송을 들었다. 통나무집 앞엔 어느새 날아오르는 반딧불 같은 불티를 내며 모닥불이 피워져 있었다. 노래와 웃음이 연신 오가는 그 자리에서 왜 눈물이 났는지.

그 불가에 두고 떠나온 지 벌써 사 년째인 아이들 얼굴이 잘 구워진 감자알처럼 뒹굴고 있어서였을까. 아이들을 데리고 수련회에 가면 마지막 밤은 늘 오늘처럼 모닥불 잔치였다.

거기에 흥겨움을 더하는 건 별 재주가 없어도 괜찮은 담임의 모습이었다. 불빛 안 가 닿는 곳에 숨어 있으면 어떻게든 찾아내 노래든 춤이든 시키고야 말던 녀석들.

처음 아이들 뒤로 하고 나왔을 땐 오랫동안 누리지 못한 자유로움에 그리운 줄도 몰랐다. 이런 휴양림에 소나무와 자작나무와 산딸나무를 심어 가꾸듯 나도 그들을 교실에 심어 가꾸고 있었다는 사실을 깨닫지 못했다. 눈만 뜨면 덜 자란 사람나무 다루느라 목이 잠기고 다리가 쑤셔도 사람으로 하여 지친다는 생각 든 적 없었는데.

어우러지지 못하는 사람처럼 뒷전에 있다 들어와 다락방에 누웠다. 작은 창문으로 하늘이 보이는 이런 방에서 글쓰기만을 소망했던 꿈이 또 다른 그리움으로 졸음처럼 밀려왔다. 까무룩 잠이 들었다가 새벽 안개가 지나가는 소리에 눈이 떠졌다. 찬물로 머리를 감고 서둘러 신발을 찾아 신었다.

안개에 싸인 숲은 더할 수 없이 몽환적이다. 나무들 모두가 그 안개의 자락에 휩싸여 꿈을 꾸고 있는 듯하다. 등산로를 오르다가 저절로 걸음이 멈춰졌다.

하얀 꽃이 나무 전체를 뒤덮은 산딸나무 주변을 진보랏빛 날개의 작은 나비들이 쉼없이 팔랑이며 맴돌고 있는 풍경. 내가 지금 환상의 나라로 들어가는 길목에 선 나무를 보고 있는 게 아닌가 싶었다.

"무엇 때문에 지쳤는데?"

"사람들이 내 맘과 영 달라."

"너도, 그런 사람 중의 하나야."

"그건 그래."

"날 봐. 네 눈에도 이 하얀 네 개의 잎이 꽃으로 보이지. 하지만 이건 꽃이 아니라 총포라는 거야. 이파리의 변형으로 꽃의 밑부분에서 꽃을 보호하는 역할을 해. 진짜 꽃은 총포 가운데 원반 모양으로

오밀조밀하게 붙은 하얀 것들이야.

　모르는 사람들은 총포를 보고 산딸나무는 하얀 십자형의 꽃이 나무 전체를 뒤덮는다고 하지만 난 가만히 있어. 아름답게 보이면 되는 거니까. 내가 할 일은 빨갛고 단 열매를 많이 맺는 거니까."

"그랬구나."

"네 지친 마음 나한테 다 주고 가. 너 사는 골목에선 나 같은 나무 쉽게 만날 수 없잖아."

　돌아오는 차 안에서 문득 걱정이 됐다. 내가 그런 마음 놓고 오는 바람에 산딸나무가 대신 아프면 어쩌지. 하지만 남들 자는 새벽에 돌아다닌 덕분에 개도 안 걸린다는 오뉴월 감기로 목이 붓는 걸 보면 나대신 친구가 아프지는 않은 모양이다.

쪽동백과 꼼이

벽소령으로 향하는 등산로가 나 있는 지리산 자연 휴양림에 도착한 건 저녁 무렵이었다. 그 큰 산의 초입에서 만난 키 작은 쪽동백나무는 꼭 우리 집에 있는 꼼이 같았다.

숙소에 짐을 놓고 잔디 광장으로 발걸음을 옮기다 보니, 물소리가 나는 계곡 위에 다리가 놓여 있었다. 그 다리 옆 바위 사이에 찔레꽃 말고는 유일하게 꽃을 피운 나무가 있었다.

끝이 넷으로 갈라진 조그맣고 하얀 통꽃이 스무 송이 정도씩 붙어서 핀 모양새가 퍽이나 정겨웠다. 노란 꽃술에서 나는 달콤한 향기 또한 맡을수록 은은했다.

"꼼이의 콧잔등에 있는 하얀 무늬가, 지금 보니 네가 피운 꽃송이와 많이 닮았구나."

"대문 안에 있는 제 집에서 늘 현관을 올려다보며 지키고 있는 모습도 나와 닮았지요. 천왕봉 외에 천 미터가 넘는 준봉이 스무 개가 넘는 이 거대한 산의 입구에서, 나도 겹겹이 자리한 봉우리를 올려다보며 이렇게 앉아 있잖아요."

일부러 정한 건 아니었을 텐데도 이번 자연 사랑 문학제의 주제는 '제 자리'라는 한 마디로 모아지고 있는 듯했다. 그건 휴양림에 도착하기 전에 들른 한택 식물원에서부터였다.

우리나라 최초의 식물원으로 설립되었다는 그곳에는 아이리스원과 원추리원, 덩굴식물원, 수생식물원 등이 조성되어 있었다. 원장이 함께 돌며 들려준 설명의 요점은 '식물은 모두 자기에게 맞는 자리에 있을 때 가장 잘 큰다'는 거였다.

그래서인지 그 식물원의 심장이라고 할 수 있는, 만 오천 평 부지에 천여 종의 자생식물이 자라고 있다는 자연 생태원에서는 일부러 꾸몄다는 느낌이 전혀 들지 않았다.

계곡을 중심으로 원래 있던 자연림을 최대한 살려, 햇빛과 바람과 습기 등을 고려해 각 식물의 생태에 맞게 심었기 때문이라는 말에 고개가 끄덕여졌다.

휴양림에 도착해서 들은 특강에서도 주제는 역시 '숲에 있는 식물들의 제 자리 지키기'였다. 강의를 한 분은 숲을 이루고 있는 모든 나무와 풀들이 눈빛으로 서로 의사전달을 하며 각자 자기에 맞는 자리를 선택할 줄 아는 능력을 지니고 있는 것 같다고 했다.

너는 저기 나는 여기 하며 자기에게 꼭 맞는 자리를 골라 앉는 그들이야말로, 딱 알맞게 키도 크고 이파리도 내고 꽃도 피우며 살아가는 존재들이라는 것이었다.

그 말을 듣다가, 지난 해 여름 사 년을 키워온 진돗개 초롬이에게 느닷없이 발목을 물렸던 기억이 났다. 무더위라는 말이 연일 계속되던 어느날, 저녁부터 개가 좀 사나워졌다는 느낌이 들더니 다음날 밥을 주러 옥상에 올라갔을 때 일이 생기고 말았다.

수도를 틀어 물통에 대놓고 돌아서는 순간, 밥을 먹는 줄 알았던 개가 갑자기 으르렁대며 내 왼 손목과 오른 손목을 차례로 물더니 다시 왼쪽 발목을 물고 놓지 않았다.

문제는 열 바늘 이상 꿰매야 했던 상처가 아니었다. 안락사까지 의논하다가 수소문 끝에 인삼 농장의 경비견으로 실어 보낸 뒤, 발목의 상처는 아물어 갔지만 마음의 상처는 좀처럼 아물지 않았다. 강아지 때 데려다가 정성을 다해 키웠던 터라 그렇게 물리고 나서도 쉽게 잊혀지지가 않았다.

그걸 넘어서려면 다른 개를 키우는 수밖에 없다 싶어 구해온 것이 태어난 지 한 달 된 발바리 꼼이였다. 그 꼬맹이는 누런 바탕에 콧잔등과 네 발과 가슴에 하얀 털이 나 있어 퍽 귀여웠다.

꼼이의 집을 대문 안에 만들어 주면서야, 몸집이 꼼이의 두 배는 됐던 초롬이를 이 좁은 마당에서 키우겠다고 데려왔던 것 자체가 잘

못이었다는 걸 알았다. 그래서 옥상으로 올려 보내게 됐고, 한여름의 열기를 견디다 못해 주인을 문 개로 만들어버리고 만 거였다.

초롬이에겐 좁기만 했던 마당과 현관 앞의 계단이 꼼이에겐 전혀 좁지가 않아서 마냥 오르락 내리락 하며 뛰놀기에 바빴다. 제게 맞는 공간에서 자라서인지, 처음부터 잘 달려들던 초롬이와는 달리 밥그릇에 손을 넣어도 으르렁대지 않았다.

'산책로 위쪽에서 만난 키 큰 쪽동백나무는 이미 꽃을 다 떨군 뒤였는데 초입의 키 작은 너는 아직도 싱싱한 꽃송이를 달고 있어, 나무는 제 자리에 있어야만 꽃을 잘 피운다는 말이 실감나는 초여름 여행이었구나.'

겹벗꽃 아가씨

 어느덧 삼월. 출근을 하기 위해 늘 오르는 언덕 길을 걷고 있노라니, 어디선가 속살거리는 소리가 귓가에 와닿네요. 누가 지나가나 싶어 옆을 보지만 아무도 없어요. 등교 시간이 아직 일러서인지 저만치 서너 명의 아이들이 올라가고 있을 뿐.

잘못 들었나 하며 다시 발걸음을 옮기는데 소리는 또 들려와요. 걸음을 멈추고 고개를 돌려 보다가 길 양쪽에 줄지어 선 나무들에 눈이 갔지요. 그제서야 '아하' 하고 알아지는 것. 그건 겨울잠에서 막 깨어나기 시작하는 나무들의 속살거림, 바로 봄 인사였어요.

누구에게서 들었던가요. 한 사람이 봄이 오는 숲 속의 오솔길을 혼자 걷고 있는데 여기저기서 두런두런하는 소리가 들리더래요. 아무리 둘러보아도 길엔 분명 자기뿐인데. 의아해하며 한참을 그대로 걷다가야 문득 알아지더래요.

봄부터 겨울이 올 때까지 그 길을 지나다니며 나는 사람들의 이야기 소리가 겨우내 마른 나뭇가지에 얹혀 꽁꽁 얼어 붙었다가, 날이 풀리자 녹아서 다시 날아다니기 시작한 거구나 하고

참 재미있는 이야기다 싶어 기억해 두었는데, 그것이 머릿속에 남아 있다가 나무들의 속살거림을 듣게 했나 봐요. 흐뭇한 마음으로 서 있다가, 갑자기 서둘러 찾아 봐야겠다는 생각이 든 나무가 있었어요. 그 나무는 내가 걷고 있는 쪽의 반대편 윗켠에 서 있었지요.

아직은 회갈색을 띠고 있을 뿐인 마른 나뭇가지가 내 팔이 닿을 만큼 아래쪽까지 내려와 있는 겹벚나무를 이내 알아볼 수 있었어요. 꽃이 피었을 때 눈여겨 보아둔 덕이지요.

벚꽃이 질 무렵 짙은 분홍빛의 겹꽃을 피워내는 그 나무의 이름을 알게 된 건 이삼 년 전이에요. 바람부는 날 그 나무 곁을 지나노라니 꽃가지가 휘어져 코 앞까지 내려오더군요. 눈을 들어 바라보는 순간 이렇게 부드러울 수가 있을까 하는 감탄이 나왔어요.

벚꽃과는 달리 이파리가 나온 뒤에 피어난 그 꽃들은 얼마나 바싹바싹 어깨를 맞대고 있는지 가지가 휘어지고도 남을 듯했어요. 꽃가지가 코 앞까지 내려왔던 건 바람 때문이 아니라 꽃꼭지의 무게를 못 이긴 탓이구나 싶었지요.

그후로 그 나무는 꽃이 피기를 기다리며 알아보는 또 한 그루의 나무가 되었어요. 무심히 있다가 꽃이 핀 모습을 바라볼 때와 기다

　림에 차 있다가 바라볼 때의 차이는 누구보다 익히 아시지요. 그 꽃나무를 통해 저도 그걸 터득하게 됐어요.

　이제나 저제나 하던 꽃봉오리가 진분홍빛으로 변해 한꺼번에 꽃망울을 터뜨려 줄 때의 기쁨을 무어라 표현해야 할까요. 그때부터 꽃이 자취를 감출 때까지 내내 부드러운 꿈을 꿀 수 있었지요.

　겹벚꽃을 따서 테두리에 뱅 돌린 하얀 모자를 쓰고 해맑게 웃고 있는, 대여섯 살 가량 되어 보이는 한 계집아이의 모습. 그 아이를 본 건 어느 사보의 표지에서였어요. 겹벚꽃과 꼬마 소녀의 얼굴을 조화시켜서 실은 게 부드러움의 극치로 여겨졌어요.

재미난 건 제가 왜 겹벚꽃이나 그 꼬마 소녀가 지닌 부드러움에 그토록 끌리는가 하는 거예요. 각진 얼굴 생김새로 보나 아직껏 낭랑한 목소리로 보나, 뭐든지 확실해야만 배기는 성격으로 보나 부드러움과는 거리가 먼 제 자신이거든요.

이런 이야기를 드리면 수사님께선 금방 답을 주시겠지요. 그건 체칠리아가 가지지 못한 일면이기 때문에 자기도 모르는 사이에 동경을 하고 있어서일 거야라고

어쩌면 그 말씀이 맞을지 모르겠네요. 어린 시절 단 한 번도 그런 해사한 웃음의 꼬마 소녀였던 기억이 없거든요. 맏이로 자라면서 나이보다 늘 어른스럽기를 강요받았던 기억만 있어요.

다 자라고 난 뒤의 성질이야 오히려 날카로운 쪽이라는 걸 제 스스로가 잘 아는 터잖아요. 부드러움과는 반대인 그런 면들이 부드러움의 극치로 여겨지는 겹벚꽃을 보며 가지지 못한 것들에 대한 미련을 지니게 했나 봐요.

하지만 그런 저를 스스럼 없이 따르고 있는 두 꼬마 소녀가 곁에 있어 행복해요. 남동생의 딸인 그 아이들은 떡 버티고선 느티나무 같은 제 아들이 주는 느낌과는 사뭇 달라요.

"지석이와 지현이는 겹벚꽃을 본 적이 있니? 오월이면 피어나는 퍽 예쁜 꽃이지. 큰고모는 우리 두 꼬마 소녀가 그 꽃처럼 부드러운 아가씨들로 커주기를 바란단다."

언젠가 쓴 편지에서 고 녀석들은 고모가 왜 잘 들어 보지도 못한 꽃이름을 댔는지 이해하지 못하겠지요. 저희들이 내게 품어 주는, 겹벚꽃처럼 부드러운 감정이 고마워서라는 건 더더구나.

얼마 전에야 알았어요. 겹벚나무는 추위에 약해서 서울에서는 가끔씩 얼어 죽기도 한다는 걸. 양지쪽을 좋아해서 그늘이 진 곳에 심어진 나무는 견디기 힘들어한다고요.

병충해에도 강한 편이 못 돼서 수시로 손길이 가닿아야 하는 나무라더군요. 그걸 미리 알고 비유를 한 건 아니었는데, 한참 보호가 필요한 소녀들과 겹벚꽃의 특성이 이렇게 일치하는구나 싶었어요.

가능하면 상처받지 않게 키워서 부드러운 심성을 지닌 아가씨들로 삶의 오월을 누릴 수 있게 해주는 것. 그것이야말로 부드러움의 가치를 새삼스레 인정하게 된, 저 같은 아줌마가 해야 할 일이 아닐까 싶어요.

병아리 꽃나무 합창단

 시월이 끝나가고 있을 뿐인데, 벌써 한 해를 돌아보게 되는 건 나이가 들었기 때문이겠지요. 흐뭇했던 기억보다는 쓰라렸던 기억이 먼저 떠오르는 것 또한.

올해도 예외없이 쓰라린 기억 몇 개와 흐뭇한 기억 몇 개가 머리를 스쳐 가요. 지난 여름에 있었던 제 반 아이들의 동부교육청 합창 대회 일등이 흐뭇했던 기억의 으뜸이에요.

줄곧 삼 학년만 맡다가 이 학년을 맡게 된 학기초엔 적잖이 당황을 했지요. 한 학년 차인데 아이들이 그렇게 작고 어릴 줄은 미처 몰랐거든요. 다른 반 국어 수업을 들어가 보고 안 거지만, 제 반 아이들이 그 중에 제일 작았어요.

유난히 체구가 작은 아이들 열 명을 골라 '독수리 십 형제'를 만들어 주기로 했어요. 학교에서는 우스갯소리로, 키가 작은 사람들을

'독수리 형제'라고 부르고 있거든요.

거기에 끼는 것을 달갑지 않게 여기는 아이도 있을까 봐 조심스레 말을 꺼냈더니, 반응이 괜찮았어요. 반 아이들 앞에서 '독수리 형제' 맺음식을 하고 그 대모로 제가 되었지요.

한데 그 중 한 아이가 손을 들더니 '독수리 군단'으로 이름을 바꾸자는 거였어요. 저절로 박수가 나오더군요. 이내 키 순서대로 독수리 일호에서 십호까지 결정이 되고, 저는 단장이 되었어요.

그 덕분인지 독수리 형제 중에 물건을 빼앗겼다거나 매를 맞았다는 아이는 없었어요. 담임의 특별 보호 아래 있다는 안도감이 자신감을 준 탓도 있었겠지요.

처음부터 자잘한 느낌을 주던 제 반 아이들이 학교 대표로 합창대회에 나가게 된 건 유월 중순이었어요. 스승의 날이 지나고 나서 좀 있다가 음악 선생님이 말을 꺼내더군요.

원래는 합창대회에서 뽑힌 학급이 나가야 하는데, 우리 학교에서는 행사를 안 해서 이 학년 중에 한 반을 고를 수밖에 없노라고 제 반 아이들이 목소리도 곱고 태도도 얌전해서 선정을 하려고 하는데 괜찮겠느냐고.

담임의 입장에선 좀 부담이 되는 일이었어요. 아침 자습 시간과 방과후 시간까지 써야 하는데, 그러노라면 수업 분위기가 흐트러지기 십상이거든요. 하지만 새로 온 그 젊은 음악 선생님의 부드러우면서도 강력한 청을 거절할 수가 없었어요.

　우려하며 허락을 한 일이었지만, 막상 시작하고 나니 생각보다 정신이 없었어요. 조회를 하려고 교실로 올라가 보면 아이들이 음악실에 있어 텅 비어 있기 일쑤고, 점심 시간에 하는 청소는 아무리 잔소리를 해도 대충대충 돼 버리곤 했어요.

　그렇다고 노래 연습하는 아이들을 함부로 윽박지를 수도 없어서, 성질이 급한 저로선 여간 힘든 게 아니었어요. 거기다 그 음악 선생님이 미안해 할까봐 내내 괜찮다는 표정까지 짓고 다녀야 했으니.

　우리 학교가 아닌 다른 중학교의 강당에서 대회가 있던 날은 아침부터 수선스러웠어요. 대회 시작은 오후 두 시였지만, 한 시까지는 가서 예행 연습을 해야 했으니까요.

　문제는 그 학교의 큼지막한 강당에 발을 들여놓으면서부터 생기기 시작했지요. 참석 학교는 모두 여덟 학교로 남자 학교가 넷, 여자 학교가 넷이었어요. 음악 선생님의 말로는 우리 학교가 그 대회에 나가는 게 꼭 십 년 만이라고 들었다고 하더군요.

　남녀공학이 아니라 여학생을 통 보지 못하고 생활했던 우리 아이들은 여학생들의 쉼없는 재잘거림만으로도 얼이 빠지는 모양이었어요. 학교에서는 소란만 잘 떨던 아이들이 갑자기 주눅이라도 들었는지, 앉혀 놓은 자리에 콕 박혀서 눈알만 굴리고 있었어요.

　가나다 순으로 해서 우리가 제일 먼저 하게 되었다고 음악 선생님은 줄곧 걱정이었어요. 안 그래도 긴장한 게 보이는 아이들이 첫번째로 서기까지 해야 된다니. 맨 앞에 앉아 있을 테니까, 떨리는 사람은 내 얼굴만 바라보며 노래 불러라 하고 안심을 시켰어요.

지금도 눈에 선해요. 앞줄에 섰던 '독수리 군단'의 열 명이 발그레해진 볼로 노래를 무사히 마치고 난 뒤, 저를 바라보며 '휴' 하고 길고 나지막하게 안도의 숨을 내쉬던 모습이.

담임인 내가 저 아이들에게 그래도 힘이 되었구나 싶어, 순간 코끝이 찡해졌어요. 물론 제 자신이 중학교 시절로 돌아가 떨리는 목소리로 합창을 하고 난 기분이기도 했고요.

결과가 잘 나왔으니까 하는 소리라고 여기실지 모르지만 아이들이 노래를 끝냈을 때, 이미 입상의 예감을 가지고 있었어요. 곱지만 셈여림이 분명한 아이들의 노래가 저를 비롯한 모두의 가슴에 잔잔한 감동을 안겨 주었다는 게 확실했으니까요.

「숭어」나 「꽃잔치」나 「우박은 춤춘다」 등의 합창곡을 선택한 다른 학교와는 달리 곡이 우선 독특했거든요. 사이몬과 가펑클이라는 영국 가수 둘이 부른 「험한 세상에 다리가 되어」라는 곡에, '친구'라는 제목으로 가사를 다시 붙인 노래였어요.

자기들에게 꼭 맞는 노래를 온 힘을 다해 부르고 난 아이들의 모습은 제 눈에 병아리 꽃나무로 보였어요. 광릉수목원에 가서 본 적이 있는 그 나무는 수목치고는 크지 않은 꽃나무였지요.

주름진 얇은 녹색의 이파리 사이에 꽃잎이 네 장으로 된 흰 꽃들이 드문드문 피어 있었는데, 어느 꽃보다 때묻지 않은 느낌으로 다가왔어요. 이름처럼 흰 병아리로 보이기도 해서, 순수라는 낱말이 잘 어울리는 꽃으로 여겨졌어요.

아이들을 보며 그 꽃나무를 떠올린 건 아이들이 흰 교복 상의에 연둣빛 명찰을 달고 있어서였을까요. 아니면, 마음을 모아 노래를 부른 아이들의 얼굴이 요즈음은 쉽사리 눈에 띄지 않는 '순수'의 의미로 받아들여져서였을까요.

사과꽃 농장

오늘은 이월의 첫날. 사과꽃 이야기를 하기에는 아직 바깥 날씨가 너무 차갑지요. 느닷없이 하얀 사과꽃을 떠올린 건 며칠 전에 내려서 아직 녹지 않고 있는 눈빛 때문만은 아니예요.

실은 학년말이라 아이들의 봉사활동 카드를 정리하는 중이었어요. 아이들이 낸 일 년 동안의 개인별 봉사활동 카드를 보며 봉사기록부에 일일이 옮겨 적노라니, '유월 이십 일, 사과농장에서 세 시간'이라고 쓴 몇몇 아이의 기록이 눈에 띄더군요.

클럽활동 반별로 따로 봉사활동을 한 차례씩 해야 한다는 말이 나온 건 한두 주 전이었어요. 할 일을 앞두고는 도무지 미루지 못하는 성격이라 누구보다 앞서 여기저기 알아보기 시작했지요.

한데, 봉사활동 담당 선생님이 준 자료를 가지고 고아원이나 양로원 등 여기저기 연락을 취하는데도 대부분 거절을 하는 거였어요.

때론 아주 부드럽게, 때론 몹시 귀찮다는 듯이.

이유는 비슷했어요. 봉사가 계속될 것도 아니고, 하루 몇 시간 와서 북적댈 양이면 수선스럽기만 해서 별 도움이 안 된다고요. 남자아이들이라 더 꺼리는 듯했어요.

기억나세요, 급한 나머지 수사님께 도움을 청했던 것. 수도원에서 운영하는 널찍한 사과농장이 있다는 말씀을 하셨잖아요. 그 수도원은 수사님이 몸담고 계시는 성베네딕도 수도원의 분원이기도 해서 서울에 오면 가끔 들른다고 하셨지요.

수사님께서 그곳에 계시는 수도원장님께 특별히 부탁을 해주신 덕분에, 제가 맡은 문예반 이십 명은 토요일 오전에 와서 풀뽑기를 해도 좋다는 허락을 받아낼 수 있었어요.

문제는 저처럼 갈 곳이 마땅치 않아 고민을 하던 몇 선생님이 그걸 알고는 함께 갈 수 없겠느냐, 간곡히 부탁을 해온 거였어요.

연극반과 바둑반과 탁구반까지 합치니 백 명이 넘어서 하는 수 없이 지도 선생님들이 수도원에 가서 사정을 했어요. 원장님께서는 여기는 기도하는 장소이기도 해서, 그 많은 학생들이 와서 와글거리면 다른 수사님들께 누가 될까 걱정이라며 난처해 하셨어요.

네 반 아이들이 버스 종점에서 집합을 하는 데도 시간이 꽤 걸렸지요. 다행인 건 얼마쯤 걸어 수도원에 발을 들여놓으면서부터는 스스로 조용해졌다는 거예요. 자기들 딴에도 수도원이라니까, 왠지 모를 묵직함 같은 게 느껴졌나 봐요.

성당 앞에 나와 서 계시는 원장님께 인사를 드리고는, 농장 수사님을 따라 수도원을 한 바퀴 돌아본 뒤 바로 나뉘어서 작업에 들어갔어요. 문예반과 연극반은 성당 앞 잔디밭의 풀뽑기를, 바둑반과 탁구반은 사과나무 밑에 널린 쓰레기 줍기를 했어요.

쓰레기라고 해야 사과를 싸면서 쓰다가 미처 거두지 못한 봉지와 끈이 전부였지요. 세 시간 정도의 작업을 끝내고 나서 아이들을 돌려 보내기 전에 제가 한 마디 했어요.

'좀 있으면 낮 기도 시간인데, 성당 안에 들어가서 참석하고 싶은 사람은 남아라. 치마를 입고 사는 남자들이 그레고리안 성가로 기도 드리는 모습은 좀처럼 보기 힘든 거다. 이렇게 사는 사람들도 있구나 싶을 테니까'라고

봉사활동을 마치고 돌아와서 낸 한 아이의 감상문은 저를 퍽 흐뭇하게 했어요. 한번 들어 보세요.

"나는 종교가 틀리기 때문에 잠시 망설였지만, 그래도 들어가 보기로 했다. 들어가니 수녀님들도 앉아 계시고, 농장에서 일을 하던 수사님들도 어느새 검은 수도복으로 갈아입고 앉아 계셨다.

의식이 시작되자, 어느 한 분이 성경을 먼저 읽었다. 그리고는 노래로 다 같이 기도를 드리는 거였다. 너무 경건해서 마치 딴 세상에 온 것 같았나. 이번 경험으로 불교가 아닌 다른 종교 의식의 엄숙함

도 알게 되었다."

문득 이런 생각이 들었어요. 교사가 가르치는 아이들에게 해줄 수 있는 유일한 일이 있다면, 그건 이렇게 열린 마음을 지닐 수 있도록 이끌어 주는 게 아닐까.

인간이 가지는 대립 중에 가장 극심한 게 종교 문제라면 지나친 표현일지 모르지만, 어쨌든 다른 종교를 인정할 수 있는 마음이라면 닫힌 마음은 아닐 테니까요.

올해엔 사과꽃이 필 때 수도원장님을 졸라서 아이들을 데리고 가야겠어요. 그 많은 사과나무가 흰 꽃을 피운 모습을 본다면 봉사활동은 두고라도, 또 하나의 '열린 마음'을 경험할 수 있을 테니까요.

장다리꽃 아이들

노란 배추장다리꽃이 그토록 상큼한 봄꽃인 줄은 미처 몰랐다. 얼마 전 시골에 갔다가, 밭에 피어 있는 그 꽃을 멀찍이서 보고 처음엔 유채꽃인 줄 알았다.

다가가서 보니 뭔가 좀 달라서 지나가는 아주머니에게 물어 보았다. 그러자 배추장다리꽃이라고 일러주며, 그것도 모르냐는 표정으로 설명까지 덧붙이는 거였다.

가을에 심었던 배추를 뽑지 않고 그대로 남겨서 겨우내 따뜻하게 해주면 봄에 그 이파리 사이로 꽃줄기가 나오는데, 그것을 장다리라 하고 거기서 핀 꽃을 장다리꽃이라고 한다고.

말을 듣고서 다시금 유심히 들여다 보노라니 봄내음이 그렇게 물씬 풍겨날 수가 없었다. 연한 이파리 사이로 돋아난 꽃줄기에서 조랑조랑 피어난 노란 꽃들은 바람에 한들거리며 봄노래라도 부르고 있는 듯했다.

그건 흐드러져 피었다가 이미 지기 시작한 개나리와 진달래와 벚꽃을 통해서 가졌던 봄의 느낌과는 또 달랐다. 꽃이라기보다 푸성귀처럼 여겨지는 그 꽃이 안겨주는 느낌은 도심에서는 쉽사리 맛보지 못한 신선함이었다.

재미난 건, 그러고서 돌아와 교실에 들어갔을 때 내가 가르치는 중학교 삼 학년 남자 아이들이 배추장다리꽃으로 보여진 일이다. 멀쑥하게 키만 큰 아이들의 모양새가 어찌 그리도 쑤욱 솟아난 그 꽃의 줄기를 연상시키는지.

겨울을 지내고 봄밭에서 피어나는 그 생명력이 우선 생기 넘치는 아이들을 닮았고, 현란한 봄꽃들 사이에서 봄의 느낌을 훨씬 더 가슴에 와 닿게 하는 풋풋함이 어설프지만 싱그러워서 좋은 아이들과 흡사했다.

어쩌면 그들이야말로 계절 감각이 무디어져가는 이 탁한 현실 속에서 그 누구보다 진하게 삶의 봄을 실감케하는 존재가 아닐까. 그들을 통해서 이미 삶의 가을에 접어든 세대들은 무성하게 자라날 여름을 기대해 보는 것인지도 모른다.

나의 그런 생각을 어느 오후 수업 시간에 들려 주었더니, 모처럼 인정을 받았다는 기쁨에서인지 이내 표정들이 밝아졌다. 음화니 본드니 가출이니 하는 어두운 낱말과는 전혀 상관이 없을 것 같은 얼굴들이었다.

그 모습을 보며, 시골로 아이들을 데리고 배추장다리꽃을 한번 보러 가야겠다는 생각을 했다. 그들은 아마 노란 그 꽃의 봄노래를 나는 흉내도 낼 수 없을 만큼 잘 따라 부를 게다.

이 년 전 상담실에 있을 때였다. 어느날 수업이 다 끝난 오후에 한 아이가 찾아왔다. 낯이 익길래 이름을 물었더니, 내가 국어를 가르치는 삼 학년 학생이었다.

우선 상담실 한 켠에 칸막이가 쳐진 곳으로 들어가라고 했다. 대부분의 아이들이 다른 선생님과 마주치는 것을 꺼려해서였다. 한데 그 아이는 고개를 저으며 주뼛거리기만 했다. 왜 그러냐고 물었더니 가방을 열고 공책 사이에서 흰 봉투를 꺼냈다.

"이것부터 읽어 주세요."

의아해하며 받아들고는 이내 꺼내서 읽으려 하자 당황해하면서 말렸다. 내일 올 테니 자기가 가거든 보라고 했다. 아이가 나간 뒤 심각한 내용이라도 담겨 있나 싶어 조금은 긴장을 하며 펴 봤다.

"선생님. 전 죄인입니다. 몇 달 전부터 성당에 가서도 여자 친구 생각만 했습니다. 어떤 때는 십자가에 매달리신 예수님의 얼굴이 여자 친구 얼굴로 보이기까지 합니다.

어려서 영세를 받은 제가 이러는 걸 아시면 부모님께서도 예수님

께서도 몹시 화를 내실 것입니다. 얼마 전에야 선생님이 신자이신 걸 알고 말씀드릴 용기를 냈습니다."

읽고 나니 아이들이 덩치만 컸지 이렇게 어리고 순순하구나 하는 느낌이 들었다. 그리고 그 맑은 고민은 오히려 흐려진 나의 신앙 자세를 비추어 보게 하는 거울과 같다는 생각을 했다.

다음 날 아이가 약속대로 찾아 왔을 때 편지를 내주며, 난 아주 경쾌한 목소리로 말을 꺼냈다.

"이 친구야. 넌 그렇게 쉽게 죄인이 되는 줄 아니. 예수님이 그 정도 가지고 화를 내실 만큼 옹졸한 분이라고 믿어."

그러자 불안한 표정이던 아이의 얼굴이 환해졌다. 의외의 말에 안심이 되는지 입가에 웃음이 번지고 있었다. 그런 아이에게 진심을 다해 이야기해 주었다.

네가 그렇게 생각하는 건 마음이 유리알처럼 맑아서라고. 어른들은 예수님을 보며 별별 잡 생각을 다하면서도, 그걸 죄라고 여기지조차 않는다고.

"넌 좋아하는 사람이나 떠올렸지만, 난 죽도록 미워하는 사람을 떠올리기가 일쑤란다. 계속 떠올리렴. 그러다 보면 언젠가는 예수님 얼굴이 제대로 보일 때가 있을 테니까."

표정이 훨씬 가벼워져서 씩 웃고 나가던 뒷모습은 노란 배추장다리꽃 같은 신선함으로 아직도 내 눈에 남아 있다.

교단에 서는 또 하나의 기쁨은 오늘처럼 달아났던 아이의 마음이 불쑥 돌아오는 데 있지 않을까. 그런 아이를 대하는 순간은 마치 봄이 안겨주는 환희와 같다.

일학기가 시작되고 얼마 안 되어서부터 그 아인 어지간히도 내 신경을 거슬렸다. 한참 설명을 하는데 책상에 엎드러져 있지를 않나, 필기를 하라면 아예 딴 짓을 하지를 않나.

그럴 때마다 주의를 주어도 이내 마찬가지이곤 했다. 그러다 보니 문득 저 아이가 날 좋아하는 감정을 저런 식으로 표현하는 게 아닌가 싶었다.

그래서 조용히 타이르기도 하며 내 딴에는 충분히 관심을 보여 주었다. 한데 그것도 아니었는지 갈수록 더했다. 나중엔 여배우 사진을 꺼내놓고 들여다보며 앉아 있기까지 했다.

그냥 내버려 두자니 다른 아이들에게도 영향이 미쳐서 한 번은 혼을 내야겠다고 벼르던 참이었는데, 그 날은 아주 작정을 했는지 내가 말을 할 때마다 반대로 대꾸를 하는 거였다. 치밀어 오르는 걸 꾹 참고 일단 수업은 끝냈다.

그리곤 소리를 지르며 다가가서 머리를 몇 대 쥐어 박았다. 그제서야 잘못했다고 비는 걸, 담임에게 데려다 주며 어떻게 좀 해달라고 당부를 하고는 내려와 버렸다.

뜻밖의 일이 생긴 건 내가 수업이 없었던 다음날 일 교시. 다시

안 그러겠다고 다짐했다는 말을 전해듣고도, 내심 이 교시 그 반 수업을 걱정하며 책을 읽고 있었다.

한데 시간이 거의 끝나갈 무렵 느닷없이 빨간 장미 다섯 송이가 책 위로 내밀어졌다. 놀라서 눈을 드니, 바로 그 아이가 숨을 헐떡이며 서 있는 거였다.

"국어 시간 전에 드리려고요. 휴우."

수업 중에 화장실이 급하다고 하고는, 학교 앞에 있는 꽃집까지 줄달음을 쳐서 다녀왔다고 했다. 그 순간 내가 너무 심했구나 싶어 눈물이 핑 돌았다.

"이럴 걸, 그동안 왜 그랬니."

아이를 교실로 보내고, 얼마 후 따라 들어가는 내 마음은 그대로 눈부신 햇살이었다. 배추장다리꽃 같은 이 아이들이 아니라면 어디서 이런 때묻지 않은 기쁨과 만날 수 있을까.

그 시간 내내 빛나는 아이의 눈을 보며 알 수 있었다. 처음부터 내게 왔던 아이들의 눈빛보다, 달아날 대로 달아났다가 되돌아온 그 아이의 눈빛이 훨씬 맑고 소중함을.

오늘 아침 뜻밖에도 미국에 사는 어머니의 제자에게서 학교로 전화가 걸려 왔다.

"이선생, 어머니가 계신 곳을 좀 일러줄 수 있겠어요."

놀라서 어디 계시는 거냐고 물었더니, 잠시 다니러 어제 서울에 왔다고 했다. 마음 같아서는 같이 가고 싶었으나 그러지 못하고 자세히 일러만 드렸다.

천안에서 병천까지 가서 풍산공원으로 들어가는 버스를 타면 된다고 그곳 진달래 묘역에 어머니의 새 집이 있다고 그분은 다녀와서 다시 연락을 하겠다며 전화를 끊었다.

그러고 나니 그분을 향해 한동안 서운한 마음을 품고 있었던 게 죄스러웠다. 삼 년 전 어머니가 뇌출혈로 쓰러져서 갑자기 돌아가셨을 때, 그분에게 제일 먼저 편지를 썼었다. 그분이라면 나 못지 않게 어머니의 죽음을 슬퍼해 주리라 믿어서였다.

한데 한참이 지나도 그분에게선 소식이 없었다. 미국으로부터 온 편지를 한 통 받기는 했으나 다른 제자에게서 온 것이었다. 거기엔 내가 편지를 쓴 분에게서 소식을 들었다는 말까지 적혀 있었기에 야속함은 더해질 수밖에 없었다.

그분을 처음 만난 건 내가 초등학교 때. 어느날 느닷없이 그분과 다른 두 제자가 어머니를 찾아 왔었다. 어머니는 결혼 전에 꼭 삼 년 진위라는 곳에 있는 초등학교에서 교편을 잡으셨다는데, 그 제자들이 찾아온 것이었다.

"그 뒤로, 선생님을 얼마나 그리워했는지 모르실 겁니다."

그렇게 해서 시작된 만남은 어머니가 돌아가실 무렵까지 이어졌다. 몇 년 전에도 잠깐 다니러 나온 그분은 꽃을 한 다발 안고 내게 먼저 왔었다. 그리고는 함께 어머니를 뵈러 갔었는데, 결국은 그것이 마지막이 되고 말았다.

그분이 어머니를 생전에 다시 뵙지 못하고 산소엘 가게 된 건 안타까운 일이지만, 그래도 오늘은 내내 가슴이 벅찼다.

"어머니의 삶은 저런 제자 하나만으로도 결코 헛되지 않았노라고 말할 수 있겠구나."

그러면서 돌아보아지는 것은 내 자신. 교단에 선 지 십삼 년째인 지금만으로도 어머니의 몇 배인데, 뒷날 내 무덤을 찾아와 줄 제자가 있기나 하려나.

봄배추 장다리꽃에서는 배추의 씨앗이 맺힌다고 한다. 내가 그 꽃 같다고 느끼는 아이들에게서 과연 어머니처럼 씨앗을 거둘 수 있을지 영 자신이 없다.

서랍 정리를 하다가 카드 묶음을 발견했다. 지난 스승의 날에 제자들에게서 받은 것인데, 하나하나 펴보니 되읽는데도 잔잔한 기쁨이 인다. 그 중 하나엔 유난히 가슴에 와 닿는 내용이 담겨있다.

"가 뵙고 싶은 마음 간절하나 여의치가 않습니다. 선생님을 생각히며 만든 이 풀꽃 카드를 한아름 꽃다발로 받아 주십시오."

지금은 지방대학 국문과에 다니고 있는 작가 지망생으로, 중학교 때 문예반이었던 그는 나를 참 따랐다. 근처에 있는 고등학교에 가서도 스승의 날이면 어김없이 꽃을 들고 찾아오곤 했다.

"그때 절 그렇게 이해해 주신 게 너무 감사해서요."

"하긴 그렇게 맛없는 초콜릿은 두 번 다시 못 먹어볼 거다."

나보다 키가 커버린 그가 중 삼때였다. 하루는 수업이 끝난 뒤 찾아와서는 부탁이 있다고 했다. 무어냐고 묻자, 예쁜 포장지에 싼 납작한 것을 내밀며 이것 좀 드셔 주세요 하는 거였다.

"오늘이 발렌타인 데이예요. 남자가 좋아하는 여자에게 쵸콜렛을 주는 날. 한데 얼마 전에 여자 친구와 헤어졌어요. 그래도 자꾸만 생각이 나서 쵸콜렛을 샀는데 전할 수가 없어요."

"여자 친구 대신 내가 이걸 먹어주면 기분이 좀 나아지겠니?"

그러면서 얼른 껍질을 까서는 한 조각을 떼어 입에 넣었다. 좋아하는 남자에게서 받은 쵸콜렛을 먹을 때처럼 행복한 표정까지 지어 가면서. 그런 내 모습을, 그는 슬픈 눈으로 말없이 바라보다가 축 처진 어깨를 하고 나가는 거였다.

졸업하는 날 환한 표정으로 찾아와 남기는 말이 퍽 인상 깊었다. 그 때 우스운 제 요구를 그렇게 받아들여 주시지 않았더라면, 제 방황은 훨씬 더 오래 갔을 거예요.

그 말이 스승의 날 보내온 꽃 카드에서 다시금 찡하게 되살아나자, 새삼 아이들의 마음을 헤아려 준다는 게 이리도 중요한 일이구나 하는 생각이 들었다.

 장다리꽃처럼 싱그럽기에 가벼운 바람에도 가슴을 앓는 그들. 대수롭지 않은 일도 그들에겐 죽고 싶다는 생각을 품게 할 만큼 열병이 되기도 하는 것을. 교사인 나는 그런 그들을 가장 가까이서 누구보다 깊이 이해하는 일을 맡은 사람이었다.

민들레 홀씨 시인

민들레의 아름다움을 노래했던 수녀 시인에게서 편지가 왔다. 곱게 물들인 한지에 쓰여진 사연이 얼마나 정겨운지, 그분이 그대로 전해져 오는 듯했다.

그분을 만난 건 처음으로 참가했던 가톨릭 문인회의 성지 순례에서였다. 낯선 사람들 틈에서 잘 알려진 그분을 보았을 때는 가까이 갈 생각조차 하지 않았다.

한데 미사를 끝내고 점심을 먹게 된 자리에서 그분이 내 옆에 앉게 됐다. 그래서 한두 마디 이야기를 나누다 보니 거리감을 가졌던 게 쑥스러울 정도로 아주 다정다감했다.

헤어질 때는 책을 보내 드리고 싶어서 주소를 적어 달라고 할 정도로 마음이 풀렸다. 그리고는 집으로 돌아오자마자 서둘러 책을 부쳤다. 답장은 책을 부친 지 꼭 나흘 만에 왔다.

"꽃 선생님. 언제 그렇게 많은 꽃 이야기를 쓰셨어요. 꽃과 어우러진 사랑 이야기는 정말 좋았어요. 한데 민들레는 없더군요. 꼭 쓰시길 빌어요. 내가 좋아하는 꽃이기도 하지만, 선생님의 모습 또한 그 꽃처럼 작아도 다부지게 보이니까요."

편지를 몇 번이고 읽고 나서, 그분의 시집을 찾아 「민들레의 영토」라는 시를 다시금 읽었다. 수녀원의 뜨락에 핀 민들레를 보며 수도복 안에서 살아가는 자신의 모습을 그 꽃에 비유한 시라고 느껴져서 예전부터 좋아했다.

"노오란 내 가슴이/ 하얗게 여위기 전/ 그이는 오실까./ 당신의 맑은 눈물/ 내 땅에 떨어지면/ 바람에 날려 보낼/ 기쁨의 꽃씨."

노란 민들레에게서 가슴이 하얗게 여위어 가도록 깊은 기다림을 발견하고, 그 아픔을 홀씨로 만들어 날려 보낼 줄 아는 승화의 아름다움까지 읽어냈던 그분은 홀씨 때문에 작은 그 꽃을 그토록 사랑했던 것일까.

그리고나니 역시 민들레의 이야기가 담겨 있던 또 다른 편지가 생각났다. 여고 시절 친구로부터 온 것이었는데, 내가 보내 준 책을 틈틈이 읽고 그 느낌을 적어 보냈었다.

중고등학교를 같이 다녔지만 우리가 서로 알게 된 건 고 일 때 같은 반이 되면서부터였다. 글줄깨나 쓴답시고 남과 잘 어울리지 않는 나를 그 친구는 늘 이해해 주려고 애썼다.

하지만 그때나 지금이나 남을 잘 받아들이지 않는 성격 탓에, 내 시화전 그림까지 그려 주곤 했던 그 친구를 서운하게 한 적이 더 많았다. 그래도 우리의 만남은 결혼 후까지 이어졌다.

얼마 전에 온 편지 속에도, 내 책을 자기 책만큼이나 소중히 여기며 기뻐하는 마음이 배어 있었다. 거기에 의외로 민들레의 이야기를 꼭 써달라는 사연이 퍽 인상적이었다.

"정원아, 난 요즘 민들레에 대한 관심이 많아졌단다. 어느날 동양화전에 갔다가, 민들레를 담은 그림 앞에서 얼마나 오랫동안 걸음을 멈추고 서 있었는지.

그러자 네게서 꽃수필집이 왔고, 민들레에 대한 이야기도 쓰지 않았을까 해서 찾았는데 없더구나. 내가 무엇을 느꼈었는지, 넌 표현해 줄 수 있으리라 믿는다."

편지를 읽고 나자, 일상적인 여자의 생활에 잘 뿌리를 내려가는 듯 했으면서도 어쩔 수 없이 허전함을 느끼고 있는 친구의 모습이 전해져 왔다. 그 친구가 그림을 잊은 것을 늘 안타까워했는데, 그래서 그 심정을 더 깊이 이해할 수 있는지도 몰랐다.

"아주 작게 피어나는 풀꽃. 그러나 누구보다 강한 삶의 의지를 지니고 있기에, 자기를 다 태워 버린 뒤에야 만들어지는 하얀 홀씨로 꿈을 날려 보내곤 하는 모습 속에서 넌 네 자신을 보았겠지.

평범한 아낙네의 생활에 젖어 들어가면서도, 그림을 향한 마음은 허전함에서 어느덧 그리움이 되어 민들레 홀씨처럼 그 어딘가를 향해 날아가곤 했을 테니 말이야."

민들레의 마음이 담긴 두 편지는 언젠가 들은 적이 있는 민들레 낭자의 전설을 되살리게 했다.

옛날 중국으로 팔려 가게 된 아리따운 낭자가 있었다. 그 낭자는 떠나면서 이상하게도, 하녀에게 모래 서 말과 물 서 말과 대추 서 말을 준비하라고 일렀다.

중국 땅에 닿으면서부터는 자기가 걷는 길에 그 모래를 뿌리게 했고, 끼니 때마다 물 한 대접과 대추 두 개씩만을 먹었다. 그러다 물과 대추가 떨어지자 끝내는 죽고 말았다.

그러자 그 모래가 떨어진 곳에서 노란 꽃들이 피어나더니만 어느새 하얀 홀씨만 남아 고향을 향해 날아가더라는 거였다. 그 꽃을 사람들은 낭자의 이름을 따서 민들레라고 했다.

전설 때문인지 민들레는 가슴에 맺히는 그리움을 홀씨로 날려 보내며 끝까지 자기를 지켜가는 꽃으로 여겨졌다.

수녀 시인과 친구에게

서 민들레의 그런 아름다움에 자기를 비추어 본 마음을 받고 나자, 내 자신 안에서도 홀씨로 날려 보내지 않으면 안 되는 그리움들이 살아났다. 수도생활을 향한 마음이나 열정적인 예술가의 길 같은 것.

서로가 그렇게 자기 삶의 그리움을 홀씨로 만들어 날려 보내며 하루 하루를 이어 간다는 점에서, 그 수녀 시인과 친구와 나는 모두 민들레 홀씨의 시인들인 셈이었다.

해인사 연꽃

 해인사의 스님에게선 역시 답이 없었다. 답이 오리라는 기대는 하지 않았으면서도 못내 아쉬웠다. 짧은 만남 속에서 받은 인상이 너무나 맑아서였을까.

남편과 함께 해인사에 갔던 건 지난 해 겨울. 저녁 무렵 버스를 타고 대구에서 떠나 도착하니 아주 캄캄했다. 몸 속으로 스며드는 싸늘한 기운이 산자락에 들었다는 걸 저절로 느끼게 했다.

남편의 팔을 끼며 올려다본 하늘에선 별빛이 쏟아져 내리고 있었다. 한 번도 본 적이 없다 할 만치 맑고 푸른 별빛이었다. 그대로 가슴에까지 내려와 박히는 듯했다.

절은 거기서 더 들어가야 있고 불이 켜진 식당과 여관이 눈에 들어왔다. 여기저기 둘러보다가 깨끗해 보이는 여관을 하나 골라 들어갔다. 마침 식당을 겸한 곳이라 편했다.

다음날은 일찌감치 눈이 떠졌다. 창 밖엔 벌써 새벽이 오고 있었다. 서둘러 준비를 하고 나서니 어둠 속에선 보이지 않았던 풍경들이 차츰차츰 드러나기 시작했다.

눈이 쌓인 산기슭과 군데군데 얼음이 얼어 있는 개울. 산에 와서 바다의 인상을 받는다는 뜻에서 해인海印이라는 이름이 붙여졌다는 절로 올라가는 긴 길에는 겨울나무가 늘어서 있었다.

그 나무를 아름답게 하는 건 까치집처럼 매달린 겨우살이. 겨우살이는 나무에 붙어 사는데, 그것이 오히려 나무를 아름답게 해주고 있다는 사실이 또 하나의 깨달음으로 다가왔다.

일주문을 들어서자 눈 덮인 가야산을 뒤로 하고 조용히 아침을 맞고 있는 절의 모습이 나타났다. 아직 일러서 경내에는 스님들만 분주할 뿐 구경하는 이들의 발길이 뜸했다. 팔을 걷어 붙이고 불당을 닦아내는 스님들과 반듯이 서서 독경하는 스님들.

우린 먼저 대적광전이라는 현판이 붙은 대웅전으로 갔다. 안에는 큰 불상을 중심으로 양쪽에 작은 불상이 있고, 그 옆에 또 화관을 쓴 불상이 모셔져 있었다.

화관을 쓴 불상의 손에는 봉오리진 연꽃이 비스듬히 들려 있었다. 활짝 핀 것보다 막 피어나려는 그 꽃이 더욱 인상깊게 다가왔던 건 그곳에서 수학하는 젊은 스님들의 모습과 흡사해서였을까.

그리고나서는 팔만대장경이 보관된 장경각으로 갔다. 그곳으로 들어가기 전에 보안당이라는 곳을 거치면서 아래가 좀 넓은 만월문을 들어서니 안쪽 벽에 사진이 걸려 있었다.

그것은 막 피어난 연꽃의 그림자 같았는데, 사실은 그 문에서 바깥쪽에 비친 기와의 그림자를 찍은 거라고 했다. 가운데 선 스님의 그림자는 영락없는 꽃심이었다.

햇빛과 기와와 문과 스님이 한데 어울려 신비롭게도 불교의 가르침을 담은 연꽃의 그림자를 이루어냈다는 것. 그것은 장경각에 들어가서 본 대장경판들과 함께 깊은 감탄을 자아내게 하는 해인사의 불심이고 남았다.

돌아오는 길에 우연히 대웅전 앞 계단에서 한 스님을 만나게 됐다. 불당을 청소하고 독경을 하던 스님들처럼 젊었다. 스님은 우리를 보고, 참 일찍도 올라오셨네요 하며 따라오라고 했다.

스님이 데리고 간 곳은 절 뒤쪽에 있는 숲이었다. 눈이 쌓인 길을 얼마 가니 나무로 된 야트막한 문이 나왔다. 그것을 밀고 나가니 다리가 나오고 얼어붙은 계곡이 나타났다.

온 길을 다시 가 다른 길로 접어드니 대나무밭 사이로 약수터가 나왔다. 물 한 바가지를 떠서 내밀며, 이건 우리만 먹는 건데 하는 스님의 표정이 그 물만큼이나 맑았다. 이가 시리도록 찬물을 마시노라니 전날 밤에 본 별빛이 물에 어려 있는 느낌이었다.

"어떻게 이 길을 택하셨습니까?"

"뭐 남다른 길입니까. 들어오다가 일주문 보셨지요. 그 문은 들어오는 것도 나가는 것도 맘대로인 문입니다. 다만 떠날 때는 밤에 소리없이 나가지요. 다른 이에게 누를 끼치지 않기 위해."

남편의 물음에 그렇게 답하는 스님의 얼굴엔 아직 애띠기는 해도 이미 깊은 깨달음의 빛이 서려 있었다. 내 눈에는 어느새 그 얼굴이 대웅전에서 본 봉오리진 연꽃으로 비쳐왔다.

절의 뜨락으로 내려오니 그 사이 사람들의 발길이 많아져 있었다. 예를 갖출 시간인지, 갑자기 여기저기서 스님들이 쏟아져 나왔다. 스님들은 목어와 북과 범종이 있는 곳으로 줄지어 걸어갔다. 우리 곁에 있던 스님은 커다란 북이 매달린 곳으로 뛰어가며 소리쳤다.

"제가 치는 걸 꼭 보고 가세요."

가사를 걸친 큰 스님이 치는 동안 그 스님은 벌써 남아 있는 두 개의 북채를 손에 쥐고 있었다. 그리곤 우릴 향해 싱긋 웃음을 보내더니 얼마나 열심히 북을 치기 시작하는지, 그 소리가 그대로 가슴에 전해져 왔다.

오는 길에 절 입구에 있는 서원에서 연꽃 카드를 샀다. 물에서 줄기와 이파리가 나오고 봉오리가 생겨나고, 꽃이 활짝 피어나고 꽃이 진 자리에서 열매가 맺히는 연꽃의 일생을 담은 거였다.

그 카드 중 봉오리가 생겨난 것을 골라 고마웠다는 말을 적어 보낸 것은 집으로 돌아와서 바로. 그러나 한참이 지나도록 답은 없었

다. 그새, 들어갈 때나 나갈 때나 맘대로라고 한 그 일주문을 나서서 다른 곳으로 떠나기라도 한 걸까.

 얼마쯤 아쉬워하다가, 언젠가 본 적이 있는 스님들끼리 헤어지며 하는 인사를 합장까지 하며 바람에 실어 전했다.

 "보성스님, 성불하세요. 깨달음의 연꽃으로 피어나세요."

아일랜드 크로바꽃 방

어려서 이사를 너무 자주 다닌 탓일까. 어디를 가든지 늘 떠날 걱정부터 먼저 하곤 한다. 분위기가 좋을수록 그런 생각이 빨리 들고 그러기 시작하면 나머지 시간은 그러다 말기 일쑤였다.

어머니의 말씀을 들으면 내가 태어나서 열 살이 될 때까지 다닌 이사만 해도 스무 번이 넘는다고 했다. 그것도 군인이셨던 아버지를 따라 대개는 기차를 타고 가야하는 먼 거리였다.

게다가 그렇게 이사를 다니는 동안 국민학교 삼 학년까지 전학을 일곱 번이나 해서일까. 어느새 내게는 사람을 만나도 헤어질 것부터 생각하는 버릇이 생겼다.

마음에 드는 이와 지내면서도 둘 중에 하나는 언젠가 떠나야 하리라는 생각이 앞서 불안했다. 하긴 정든 선생님과 동무들을 뒤로 하고 떠난다는 게 어린 나로서는 쉬운 일이 아니었을 게다.

좋아하는 사람들과 헤어지는 게 안타까와서 처음엔 많이 울기도 했지만, 나중엔 떠난다는 말을 들어도 올 것이 또 왔구나 할 정도로 담담해져 버렸었다. 그런 아픔들이 가슴에 스며들어서인지 언제부턴가 들뜬 것보다는 가라앉은 것을 좋아하게 됐다.

하루 중에서도 가로수와 건물에 깊은 그늘이 내리는 저녁이 제일 좋았다. 날씨가 흐려서 아침부터 저녁 같은 느낌을 주는 날은 온종일 그늘 속을 거니는 기분이 들어 마음이 차분해지곤 했다.

반대로 햇빛이 너무 눈부신 날은 신경이 날카로워져서 아무하고나 말다툼을 할 듯한 기분이 됐다. 그런 날은 될 수 있는 대로 빨리 그늘이 진 내 방으로 돌아와야만 안심이 됐다. 이사를 다니는 동안 얼마나 그러한 방을 가지고 싶어 했는지 몰랐다.

어렸을 적엔 큰 방 하나를 커튼으로 막아 나와 동생들이 한 쪽을 썼던 때도 있었다. 그 반 쪽짜리 방이나마 비어 있을 때가 없었기 때문에 곧잘 부엌에 웅크리고 앉아 동화책을 읽곤 했다.

그러다가 내 방을 가지게 된 것은 우리가 집을 마련한 지도 몇 해가 지나서였다. 초록빛 커튼을 해달고 나무 그림을 갖다 붙이며 그 방을 아름다운 나만의 성으로 만들어 갔다. 무엇보다 좋은 건 그 방에 그늘이 많이 진다는 거였다.

그 무렵엔 가까운 길을 놓아두고 은행나무의 그늘이 짙게 깔리는 길을 따라 학교에서 돌아오곤 했다. 화가 났다가도 그늘진 그 길을 혼자 걸어 내 방으로 돌아 오면 저절로 마음이 풀렸다.

그런데 생각지 않았던 또 한 번의 이사로 해서 그 행복이 깨지고 말았다. 새로운 주택가로 집을 옮기자는 데 식구들이 의견을 모았기 때문이었다. 새 집에서 갖게 된 내 방의 분위기는 처음부터 도통 마음에 들지 않았다.

오전 내내 쏟아져 들어오는 햇빛이 머리를 산란하게 만들곤 해서였다. 아무리 멋진 그림을 갖다 걸어도 끝끝내 마음에 들지 않았던 우울한 기억만 남아 있다.

다행스러운 건 신혼 살림을 시작한 방에 그늘이 많이 지는 거였다. 낮에도 불을 켜지 않으면 저녁이 온 듯한 느낌을 줄 정도로 그늘이 짙었다. 마음을 가라앉혀 주는 그 방의 그늘이 아니었더라면 익숙치 않은 사람과의 생활이 더욱 힘에 겨웠을 게다.

한데 그 역시 좀 나은 곳으로 집을 옮기게 되면서 달라지고 말았다. 새 방은 널찍하고 창문에 줄장미까지 매달려 있었지만 오전 내내 환하게 햇빛이 들었다.

학교에 나갈 땐 괜찮지만, 방학을 해서 집에 있게 되면 그 때문에 자꾸 신경이 곤두서곤 했다. 그럴 때면 더욱 예전의 그늘진 방이 그리워지면서 새 방에는 영 정이 붙질 않았다.

마음이 변하게 된 건 그 방에서 아일랜드 크로바꽃이 피어나면서부터였다. 그건 이파리는 크로바와 같은 모양새인데 좀 크고 다닥다닥 나온 줄기가 길게 늘어지는 화초였다.

나의 신혼 살림 방이 그늘진 걸 아시고 그늘에서도 잘 자라는 화초를 친정 어머니께서 일부러 구해주신 거였다. 하지만 그 방에서는 이파리도 무성해지지 않았고 꽃은 한 번도 피지를 않았다.

새 방으로 이사를 와서는 책장의 한 칸을 비우고 그냥 올려 놓아두었다. 그러자 얼마가 지나면서 이파리가 무성해지더니 연보랏빛 작은 꽃까지 서너 송이 피우는 것이었다.

얼마나 반가웠는지 좀 더 햇빛이 잘 드는 쪽으로 옮겨 주었다. 그러면서 해마다 이파리와 꽃송이는 늘어갔고 나중에는 화분을 갈아 주어야 할 정도가 됐다. 그와 더불어 그 꽃이 처음 필 무렵에 태어난 아이도 무사히 자라 주었다.

그걸 보면서 그 꽃과 아기를 잘 자라게 해 준 것이 그 방의 햇빛인지 모른다는 생각을 하게 됐다. 그리고나니 견디기 어렵다고만 느꼈던 그 햇빛이 고마워지기까지 하는 거였다.

한 아이의 엄마가 된 내게는 나를 편안하게 해주는 그늘보다 아이를 잘 자라게 하는 햇빛이 훨씬 소중했으므로.

아기 고오데시아

퇴근을 해 보니 집에 불은 켜져 있는데 아무도 없었다. 시어머니께서 잠깐 아기를 데리고 나가신 모양이었다. 가지고 다니던 열쇠로 대문을 열고 들어오니 모처럼 비어있는 방과 마루가 편안한 느낌으로 다가왔다.

내 방으로 들어와 옷을 갈아 입는데 자취방 생각이 났다. 빈 방에 있게 되면 나도 모르게 떠오르곤 하는 그 자유롭고 한적했던 공간. 조촐한 그 방에서 좋아하는 물건들과 함께 얼마나 오붓하게 나만의 시간을 즐기곤 했는지 모른다.

결혼을 하고 나니 무엇보다 힘든 것은 그런 공간을 거의 가질 수 없다는 사실이었다. 아기까지 태어나자 그것은 더 심해졌다. 아기가 없을 때는 남편이 숙직하는 날 혼자 방에 있을 수 있어서 좋았는데, 아기가 생긴 후로는 그것마저도 안됐다.

시간이 흐르면서 그런 생활이 차츰 받아들여지기는 했지만 마음의 평화를 유지하기는 어려웠다. 그래서 잠깐이라도 집이 비는 때면 마치 오랜만에 쉴 수 있는 공간을 찾은 것처럼 기뻤다.

하지만 그 기쁨은 늘 얼마 지나지 않아 사라지곤 했다. 누구든 좀 더 있다 돌아와 주었으면 하는 바람이 여지없이 무너짐과 함께.

대문이 열려지는 소리에 나가보니 시어머니와 아기가 어느새 현관으로 올라오고 있었다. 뒤에는 오다가 만났다는 남편까지 서 있었다. 좀 전에 왔다고 말을 하려는데, 세 살 난 아기가 먼저 다가와 내 앞으로 무엇인가 내밀었다.

자세히 보니 좀 시들어가는 분홍빛 고오데시아 한 송이였다. 의아해 하자 시어머니께서 설명을 하셨다. 아기가 자꾸 나가자고 해서 동네를 한 바퀴 돌다가 꽃을 팔고 있는 아르바이트 여학생을 만났다. 아기가 다가가서 이 꽃 저 꽃을 만지작거리자 그 중 하나를 뽑아주며 엄마 갖다 드려라 하더라고.

아기는 그 꽃을 받아 오른손에 꼭 쥐고는 꽤 먼 거기서부터 토닥거리며 집까지 뛰어왔다고 했다. 오다가 옆집 할머니가 달라고 하자 고개를 살래살래 젓더니만 더 빨리 뛰더라는 거였다.

"엄마, 엄마, 이거."

시어머니의 이야기를 듣느라고 내가 가만히 서 있자 아기가 자꾸 나를 부르며 꽃을 흔들었다. 그 모습이 얼마나 가슴 뭉클히게 하는

지 저절로 눈물이 핑 돌았다.

나를 올려다 보며 꽃을 내미는 아기의 맑은 눈동자가 오히려 아프게 느껴졌다. 그 모습을 보던 남편이 감격은 그만하고 어서 받기나 하라며 아빠보다 우선이네 하고 웃었다.

"그래, 그래, 고마워."

시들어가는 꽃 한송이를 손에서 받아들며 아기를 번쩍 안아 올려 뺨에 입을 맞추어 주었다.

밤이 되어 아기가 잠든 후 그 고오데시아를 들여다 보며 나는 아예 잠을 잊고 있었다. 달맞이꽃과 모양이 비슷한 연분홍빛의 그 꽃잎이 보면 볼 수록 아기의 부드러운 뺨을 연상시켜서였다.

아기가 가져왔을 때는 시들어가고 있었는데 꽃병에 꽂아놓으니 생생하게 되살아 난 것 또한 가슴 찡하게 했다. 아기의 맑은 마음 때문인지도 모른다는 생각마저 들었다.

그런 마음 가운데로 밀려 들어오는 것은 아기에 대한 미안함이었다. 돌아보면 직장에 나간답시고 엄마로서 해주어야 할 일 하나도 해주지 못하고 지나는 나날이었다.

거기다 아기를 나의 자유로운 생활을 방해하는 귀찮은 존재로 여긴 적까지 있지 않았나. 나보다 시어머니를 더 따르는 아기를 보며, 같이 있어주지 못한 건 생각지 않고 내게 정이 없나 보다고 몹시 서운해한 날도 있지 않았나.

그날 밤 아기가 가져다 준 고오데시아는 아픈 반성과 함께 여러 가지를 깨닫게 했다. 아기가 있어 더욱 포근하고 소중해진 내 삶의 공간. 그리고 남편과 아기와 함께가 아니고는 결코 완성될 수 없는, 결혼을 선택한 여자의 아름다움.
　결국 작고 여린 꽃잎을 지닌 그 꽃은 메마르게 하루 하루를 이어가던 내 가슴에 내린 은총의 보슬비인 셈이었다.

채송화 미사

'아기의 방'에서 보는 미사는 왜 그렇게도 힘이 드는지. 어쩌다, 네 살 난 우리 꼬마 다니엘을 데리고 성당에 가면 귀찮기 이를 데 없다.

물론 엄마를 따라 나서는 아이가 귀엽지 않은 건 아니었다. 하지만 성당에 들어서면 혼자 미사를 보고싶은 마음이 저절로 커지곤 했다.

한 번은 그런 마음을 누르고 '아기의 방'에 올라가자마자, 아이는 오줌이 마렵다고 울상이었다. 한숨을 쉬며 맨 아래 화장실까지 다녀 왔을 땐 미사는 이미 시작된 지 오래였다.

겨우 미사포를 꺼내 쓰고 제대를 향하고 나니 이번엔 또 가방에 있는 과자를 꺼내달라고 성화였다. 초콜릿이 들어간 그 과자 봉지를 보고 한 꼬마가 다가오고, 안 준다고 이내 울음을 터뜨리고

간신히 달래서 하나씩 나누어 먹게 하자 그것이 재미났는지 곧잘

장난을 하며 재잘거리더니만, 좀 있다 보니 두 아이의 입과 손이 온통 초콜릿투성이여서 또 다시 휴지를 꺼내들 수밖에 없었다.

그 사이에 다른 쪽에 있던 아이들도 서로 건드리고 다투는지, 연신 울음 소리가 나고 달래는 소리가 나고 야단이었다. '아기의 방' 유리 밑에서 미사를 드리고 있는 이들의 모습이 별세계 사람들의 그것처럼 보여지고 남았다.

그러다 신부님께서 성체를 높이 쳐드실 무렵이었다. 유리를 두드리며 놀고 있는 아이에게 두 손을 모아 보이며, 넌 아멘 안 하니 하고 그냥 지나가는 말로 한 마디 했다.

그랬더니 정말 뜻밖에도 아이는 두 손을 모으고 눈을 감으며 아멘 하는 것이었다. 옆에 있던 꼬마까지 따라 하는 모습이 어찌나 티없이 맑은지 귀찮던 마음마저 사라질 정도였다.

그 모습에 빙그레 웃음짓다가 문득 아이들이 여름 꽃밭의 채송화를 닮았다는 생각이 들었다. 구김살 하나 없는 빨강, 노랑, 하양의 얼굴로 무언가 종알거리고 있는 듯한 느낌을 주는 귀여운 꽃들.

그 채송화처럼 재잘대며 어른들 틈에 끼어 미사를 본 아이들은 어쩌면, 저희들도 모르는 사이에 가장 해맑은 얼굴로 하느님을 만난 것은 아닐까.

개나리 천사

재작년 봄이었나, 다섯 살 난 아이가 거울을 들여다보며 한 말은 참 의외였다.
"엄마, 이것 봐. 내 입에 개나리가 피어났어."
밥을 먹다 말고 거울 앞으로 쪼르르 가길래 얼굴에 뭐가 묻었나만 했다. 무얼 가지고 그러느냐며 거울 앞으로 다가가 보니 웃음이 나오지 않을 수가 없었다.

계란 프라이를 먹던 아이의 입가엔 노른자가 여기저기 묻어 있고, 아이는 그것을 개나리가 핀 것으로 본 거였다.

"정말, 개나리가 많이도 피었구나."

내 말에 더욱 신이 났는지 아이는 한동안 그것을 바라보고 있었다. 제 눈에는 놀이 동산의 개나리 울타리쯤으로 보이는 모양이었다. 하긴 평소에도 말을 재미있게 하긴 했다. 컵에 담긴 우유를 먹고 나서 흰수염이 생겼으니 자기도 할아버지라는 둥 하면서.

아이가 그런 표현을 할 때마다 한편으로는 내 자신이 부끄러워지곤 했다. 오랫동안 글을 쓴다고는 하면서도 내 표현에서 그만큼 신선한 느낌을 받은 적이 별로 없어서였다. 입가에 개나리가 피어났다고 한 표현은 더욱 그런 생각이 들게 했다.

아이의 눈이 부러워서였을까. 아니면, 개나리의 그 귀여운 꽃송이가 주던 느낌이 아이가 주는 느낌과 같아서였을까. 이른 봄에 피어나는 그 작은 통꽃은 하나하나 들여다볼수록 정이 갔다. 올망졸망 붙어 앉은 모양은 환한 봄의 느낌을 전해 주고도 남았다.

아이 역시 늘 작은 모습이면서도, 내게는 엄마로서의 행복감을 듬뿍 느끼게 하는 존재였다. 내 분신이 새록새록 커 가는 것을 바라보는 기쁨은 어떤 힘겨움 속에서도 다가오곤 하는 삶의 봄이었으니. 입가에 개나리가 피어났다던 아이의 말이 개나리의 천사 같다는 느낌으로 다가온 건 그래서였나 보다.

해마다 삼월이면 새로 맡은 일 학년 아이들에게 개나리의 전설을 들려주곤 했다. 아이들은 생각 밖으로 퍽 진지하게 들었다.

인도에 아름다운 공주 하나가 살고 있었다. 그 공주는 얼마나 새를 사랑했는지 예쁘다는 새는 모조리 사들였다. 그런데도 공주에게는 아직 비어 있는 새장이 하나 있었다. 금빛 꽃으로 장식된 그 새장에 어울리는 새가 없기 때문이었다.

어느날 한 늙은이가 참 예쁜 새를 가지고 나타났다. 깃털의 찬란함이나 감미로운 노랫소리가 공주의 마음에 꼭 들었다. 공주는 약속대로 많은 상금을 건네주고 새를 사들였다. 그리고나서 나머지 새는 모두 다 날려보내 버렸다.

한데 어찌된 일인지 그 새는 날이 갈수록 깃털이 흉해지고 노랫소리도 이상해져갔다. 목욕을 시키노라니 추하기 그지없는 까마귀로 변하는 것이었다. 늙은이가 까마귀에게 색칠을 하고 목에 은방울을 달아서 속인 거였다.

분한 나머지 공주는 병이 나서 세상을 떠나고 말았다. 공주의 무덤에서는 이듬해 봄, 금빛 새장을 닮은 꽃나무가 한 그루 자라기 시작했는데 그것이 개나리였다.

"개나리 곁에 가서 서 보렴. 혹시 아니. 너희들이 개나리 공주님이 찾는 예쁜 새의 왕자님이 될지. 그건 사랑이니까 말이야."

조금은 장난기어린 내 말이 막 사춘기에 접어들려는 사내 아이들의 가슴에는 꽤 가닿는 모양이었다. 온 교정에 개나리가 피면 설레는 얼굴로 개나리 그늘 밑을 서성이는 아이들을 볼 수 있었다. 그런 모습을 볼 때면 그토록 순수한 아이들을 가르칠 수 있다는 사실이 곧 환한 기쁨이 되어 왔다.

굳이 중학교 아이들의 국어 선생님이 되겠다고 했던 고집이 개나리 같은 그 작은 아이들로 하여 뿌듯해지는 시간이기도 했다. 이 메

마른 세상에서 그런 삶의 자신감을 가지게 하는 그 아이들은 어느새 개나리의 천사 같은 존재로 남고 있었다.

성당에 나가기 시작한 지 오 년, 많은 교리들 중에서 가장 작다고 여겨지는 교리 하나가 유난히 좋았다. 영세를 주신 신부님께서 들려주신 거였는데 수호 천사에 관한 내용이었다.

하느님께서는 각 사람에게 날 때부터 천사 하나씩을 정해 줘서 그 사람을 보호하게 하셨다. 각 사람의 머리 위에 우리의 눈으로는 볼 수 없는 수호 천사가 하나씩 있다는 것도 신비로웠지만, 그보다 더 마음을 끈 게 있었다.

내가 어떤 사람을 그리워하면 그 사람 또한 어느 곳에선가 나를 그리워하고 있다는 것. 그것은 단순한 일치가 아니라, 날 그리워하는 그 사람의 마음을 그 사람의 수호 천사가 내 수호 천사에게 전해주었기 때문이라는 사실이었다.

그와 더불어 깊은 슬픔에 잠겼다가도 나의 수호 천사가 나와 같이 슬퍼해 주리라는 데 생각이 머물면 커다란 위안이 됐다. 내가 어디서 무엇을 하든 가장 가까이에 나와 함께 있어 주는 존재가 있다는 건 정녕 축복이었다.

언젠가 개나리를 가까이서 들여다보며 참 많은 꽃송이가 매달렸구나 하고 감탄을 할 때였다. 문득 이 개나리꽃만큼이나 많은 수호 천사가 우리의 머리 위에 피어 있으리라는 생각이 스쳐 갔다. 작은 모습이면서도 늘 영혼의 빛이 되어 주는 그 수호 천사가 개나리의 천사로 가슴을 날아다니기 시작한 건 그 무렵부터였다.

  그 후론 개나리가 만발한 걸 볼 때마다 마음이 환해지며, 나도 누구에겐가 환한 빛을 전하는 개나리의 천사로 화하고 싶다는 바람이 생겨나곤 했다.

신우 올리브 북스 ⑤

금잔화 유치원

얼마 전 아이의 유치원 운동회가 있었다. 다섯 살 때부터 다녔기 때문에 벌써 세 번째 맞은 운동회이기도 했고, 이제는 끝맺음을 하는 운동회이기도 했다.

지나간 두 번은 토요일이어서 온종일 다 참석할 수가 없었다. 할머니와 먼저 보내고 점심 때나 겨우 가곤 했는데, 이번은 마침 휴일이어서 온 식구가 함께 가게 됐다.

게다가 다섯 개 유치원이 모여서 하는 그 운동회에 어머니 대표로 내가 축사를 하게 돼서 아이는 더욱 신이 나 있었다. 선생님 말에 따라 한복을 입고 오르자니 나로선 부담스러운 일이었다.

운동회장에 도착하니 벌써 꽤 많은 사람들이 모여 있었다. 아이는 호랑이가 그려진 빨간 표를 제 가슴에 달고 식구들에게도 달라고 했다. 얼마 후 식이 시작되고, 내가 말을 해야할 차례가 왔다.

"어린이 여러분은 금잔화라는 진노랑의 꽃을 본 적이 있나요. 작은 꽃잎이 다닥다닥 붙어 있는 동그란 모양의 귀여운 꽃이에요. 보는 사람의 마음을 환하게 해주는 그 꽃은 얼굴을 꼭 하늘로 향하고 있어요. 거기엔 전설이 깃들어 있기 때문이지요."

옛날 그리스 어느 곳에 크리무농이라는 젊은이가 살았다. 그 젊은이는 어려서부터 해의 신인 아폴로를 좋아했다. 그래서 햇빛이 환하게 비치는 날이면 유난히 기뻐했는데, 그것을 볼 때마다 구름은 심술이 죽을 지경이었다.

어느날 해가 떠오르는 것을 보고는 구름이 날개를 펴서 가려 버렸다. 날씨가 흐려서 온종일 햇빛이 나지를 않자 크리무농은 슬퍼했다. 그것이 여드레나 계속 되는 동안 그만 죽고 말았다.

구름이 다 걷힌 다음에야 아폴로는 비로소 크리무농이 죽은 걸 알게 됐고, 그 시체를 부둥켜 안고 울다가는 그를 한 송이의 꽃으로 만들었다. 그것이 해의 모양과 빛깔을 닮은 금잔화였는데, 그래서인지 그 꽃은 조금만 어두워져도 이내 꽃잎을 오므리고 만다.

"어린이 여러분이 내 눈에는 해님만을 사랑했다는 그 금잔화처럼 보여요. 그래서 오늘 약속을 하나 하기로 하지요.

나와 이곳에 모인 어른들은, 어린이 여러분이 금잔화처럼 환하게 피어날 수 있도록 해가 되어 주겠어요. 구름이 끼거나 비가 오는 날이면 온 힘을 다해 그 어두움을 막아주며 항상 금잔화의 유치원이 될 수 있도록 하겠어요."

그리고는 식이 끝나기를 기다렸다가, 얼른 집에 돌아가서 간편한 옷으로 바꿔 입고는 다시 갔다. 아이와 함께 무용도 하고 뛰기도 하며 그 날만은 아이를 위해 쓰고 싶었다.

그런 마음을 읽고 있기라도 하듯, 아이는 수시로 고개를 돌려 식구들의 얼굴을 찾곤 했다. 새 무용을 하거나 게임을 시작할 때면, 꼭 손을 흔들어 자기기 어디 있다는 것을 알리는 바람에 잠시도 눈을 뗄 수가 없었다.

그러면서 오전 경기가 끝나고 점심을 먹고, 어느새 서너 시쯤 되었을 무렵 아이들만의 장애물 경기가 있었다. 매트 위에서 재주를 넘은 뒤 사다리와 비닐로 된 굴을 빠져나오는 것이었는데 아이는 대견하게도 일등을 했다.

상품을 타 가지고, 심각한 표정까지 지으며 그걸 지켜보던 아빠에게 의기양양해서 달려왔다. 아빠가 갈 시간이 되어서 더 열심히 뛰었다는 말은 콧등을 시큰하게 했다. 사실 남편은 다음날 근무를 위해 직장이 있는 지방으로 내려가야만 했다.

좀 쓸쓸한 기분으로 배웅을 하고 돌아오는데 아이가 내 얼굴을 살피면서 의외의 말을 했다. 아빠가 가서, 엄마와 아빠가 손잡고 뛰는 것을 하지 못해도 나 괜찮아요라고.

마침 부부 달리기를 할 때라, 아빠가 내려가는 바람에 참가하지

못하는 것을 내가 서운하게 여기나 해서 그러는 모양이었다. 그 모습을 보니 어느새 또 가슴 한 구석이 찡해왔다.

　그동안 아이에게 너무 내 기분을 살피게 한 것은 아닐까. 그렇지 않아도 엄마의 직장 생활 때문에 자기 나름대로 새기고 지나가는 것이 많았을 텐데. 엄마는 그저 편한 존재여야 하는데.

　그 마음을 애써 감추며 엄마가 한 꽃이야기 재미있었느냐고 말을 돌리자, 아이는 금방 얼굴이 밝아졌다. 그제서야 내가 아침에 한 그 이야기가 바로 내 아이를 위한 약속이었음을 알 수 있었다.

　부모가 된다는 건, 그 중에서도 엄마가 된다는 건 곧 아이의 해가 되어 준다는 약속임을 엄마가 된 지 칠 년 만에야 깨달은 거였다.

돌아보면 내가 우울한 얼굴을 하고 있을 때 아이 역시 얼굴이 어두워졌고, 그러다가도 내 얼굴만 펴지면 아이는 마치 세상이 밝아지기라도 한 양 연방 웃음꽃이었다.

그걸 너무나 잘 알면서, 저녁에 집에 돌아가서까지도 내 일을 한답시고 신경질적이 되어서는 항상 아이보다 나를 앞세우는 어리석음을 반복하고 있었으니.

생각이 거기에 미치자 정말 아이에게 미안해져서 말없이 아이를 업어 주었다. 벌써 꽤나 묵직해진 아이는 엄마가 왠일인가 싶은지 얼른 내 목을 감싸 안으며 좋아서 어쩔 줄을 몰랐다.

그래, 너의 얼굴이 금잔화처럼 늘 밝게 빛날 수 있도록 이제는 진정으로 너의 해가 되어주마. 그 누군가의 해가 되어줄 수 있다는 것이야말로 이 생명의 가장 소중한 쓰임이 아니겠니.

엔젤의 캠프

하나뿐인 아이가 집에 없으니 허전하기 이를 데 없다. 저녁을 먹어도 텔레비전을 보아도 어른들끼리는 별로 할 말이 없다. 어쩌다 나오는 말이 아이 이야기뿐이다. 이 녀석, 장난치느라 밥이나 제대로 먹었는지 친구와 다투지는 않는지.

목소리와 웃음소리가 유난히 또랑또랑하고 맑아서 대문 밖에서도 다 들릴 정도였는데. 그런 아이의 목소리와 웃음소리가 나질 않으니, 집안이 온통 텅 빈 느낌마저 든다.

초등학교 삼 학년인 아이는 오늘 아침 처음으로 학교에서 주관하는 여름 과학 캠프에 참가하기 위해 떠났다. 어제저녁 배낭을 꾸릴 때부터 어찌나 들떠 있는지. 세면도구, 긴팔옷, 필기도구, 모기향, 양초, 포충망, 채집통 등. 준비물이 하도 많아서 차곡차곡 넣어도 작은 배낭이 터질 지경이었다.

혹시 빠진 것이라도 있나 해서 확인을 해주고 있는데, 갑자기 내가 미처 생각지 못했던 말을 꺼냈다. 남들 안 보이게, 성모님의 기적패를 배낭 안쪽에 달아주는 걸 잊어버리셨나 보아요.

항상 안전하기를 비는 마음으로 유치원때부터 성모님의 모습이 담긴 조그마한 메달을 가방에 매달아 주곤 했더니, 저도 내심 의지해온 모양이었다. 아무 것도 모르는 줄만 알았는데 그래도 엄마의 마음을 헤아리고는 있었구나.

아침에 일어나서는 혼자 갈 수 있다는 것을 학교까지 데려다 주었다. 교문이 보이는 언덕쯤 가자, 배낭을 메고 잠자리채라고만 알아온 포충망을 든 아이들이 눈에 띄기 시작했다.

그때까지 친구가 하나도 안 보인다고 걱정을 하던 아이의 눈은 자꾸만 아이들이 들고 있는 포충망 쪽으로 갔다. 처음엔 왜 그러는지 몰랐는데, 아이들이 든 포충망과 제가 든 포충망에 달린 자루의 길이를 비교해보는 거였다.

"엄마, 다른 아이들 것은 삼단짜리예요. 이단짜리인 내 것보다 접으면 훨씬 짧고 펴면 길어요."

순간 나는 아차 싶었다. 아이는 캠프 준비를 할 때부터 삼단으로 접는 포충망을 강조했었는데. 그것이라야만 가지고 갈 때는 짧게 접고 쓸 때는 길게 펼 수가 있다고 했다는 거였다.

한데 늘 가는 가까운 문방구에는 그것이 없었다. 한두 군데 다녀

다가 이단짜리를 사주며 그냥 가져가라고 했다. 다른 아이들도 분명히 못 구했을테니 걱정 말라고 자신있게 말하며.

그랬다가 삼단짜리를 가진 아이들을 여러 명 보게 되니 얼마나 미안한지 몰랐다. 엄마로서 너무나 성의가 없었다는 자책감이 밀려왔다. 어디 파는 데가 있다면 달음박질을 해서라도 당장 사다가 바꾸어 주고 싶은 심정이었다.

"어쩌면 좋으니."

"엄마는 항상 바쁘니까 그렇지요, 뭐. 가까운 문방구에 없으면 문구 도매상에 가서라도 구해오라고 했는데. 내년에는 꼭 삼단짜리로 사주세요. 이단짜리는 짧아서 곤충채집 하는 데 불리해요."

당황해하는 엄마를 달래주는 듯하면서도 어쩌면 그렇게 분명하게 자기 생각을 말하는지 가슴이 꼭꼭 찔리는 기분이었다. 그것을 보상이라도 해줄 양으로 인솔 선생님이 나누어준 캠프 티셔츠를 내 손으로 입혀주고 자연 학습장에도 직접 이름을 써주었다.

집을 떠나보내는 게 안심이 안 되는데다 미안한 마음까지 겹쳐서, 아이를 실은 버스가 움직일 때는 눈물이 핑 돌았다. 그런 내 마음을 다 알고 있기라고 하다는 듯이 아이는 유난히 크게 손을 흔들었다.

아이가 캠프에 가 있는 사흘 동안, 내 눈은 하루에도 몇 번씩 벽에 걸린 시화에 머물곤 했다. 그것은 십 년 전에 내가 썼던 '해산'이라는 시가 담긴 것이었다.

아들아.
내가 부서지는 그 순간에
우람하게 들려온 네 울음은
아주 짧은 그러나 찬란하게
이 삶을 비추며 날으는
축제의 나팔 소리였었다.
그리고 그건
아무도 건너와 줄 수 없는
처절하도록 외로운 섬에서의 하루.
그 하루의 해일 끝에 얻은
아름답기보다 오히려 강한

축제의 나팔 소리이기도 했었다.

분만실에서 처음 아이의 울음 소리를 들었던 순간의 기쁨을 표현한 거였는데, 새삼스럽게 가슴 속에서 그 때의 환희가 되살아났다. 첫울음소리를 들었던 순간부터 지금까지 아이는 늘 휘청거리는 나를 일으켜 세워주곤 한 천사였다.

생각이 거기에 미치자, 갑자기 엔젤이라는 꽃을 한다발 사고 싶어졌다. 카네이션과 흡사한 모양으로, 엄마꽃인 카네이션보다는 훨씬 꽃송이가 작고 귀여워 아이들을 닮은 꽃.

언젠가 그 꽃의 이름이 천사라고 일러 주었더니, 아이는 그럼 천사가 꽃으로 핀 거예요 했었다. 집안이 이토록 쓸쓸한 건 그 지상의 천사가 잠시 캠프를 떠나서였구나.

무궁화 꽃지도

"준호네 집에는 무궁화 꽃이 피었다면서요. 꽃이 피면 보러 가기로 약속을 했는데 시간을 내기가 힘드네요. 서운해하지 않도록 잘 이야기해 주셔요."

아이의 유치원 선생님에게서 미안해 하는 전화를 받고는 좀 어이가 없었다. 우리집 작은 꽃밭에 무궁화 나무가 있는 걸 본 적이 없는데, 꽃까지 피었다니 대체 무슨 말인지.

혹시 아이가 선생님의 관심을 끌려고 꾸며낸 말은 아닌가 싶어 마당으로 나가 보려는데, 마침 흙장난을 하며 놀던 아이가 들어왔다. 우리집에 무궁화 꽃이 어디 있느냐는 내 말에 아이는 도리어 의아하다는 표정을 지었다.

"저기 있잖아요. 어저께부터 꽃이 피었는데 몰랐어요?"

아이가 흙 묻은 손가락으로 가리키는 쪽을 바라보다 얼굴이 화끈

해지지 않을 수 없었다. 아이 말대로 아이 키만한 무궁화 나무 한 그루가 꽃밭 구석에 서 있고, 작은 꽃송이가 둘씩이나 매달려 피어 있었기 때문이다.

그제서야 지난 봄의 일이 떠올랐다. 유치원에서 무궁화가 나라꽃이라는 걸 처음 알고 와서는 내내 무궁화, 무궁화 하는 아이를 위해, 남편은 무궁화 나무의 묘목을 하나 구해 왔었다.

좋아서 펄쩍 뛰는 아이와 함께 여기다 심을까 저기다 심을까 하며 삽을 찾고 물뿌리개를 찾고 하는 것을, 나는 집안 일을 하느라 내다보지도 않았다. 그리고는 무궁화가 심겨져 있다는 사실조차 까맣게 잊고 지낸 거였다.

그렇게 무심한 나 대신, 아이는 이제나 저제나 하며 혼자서 꽃 피기를 기다렸다가 제 선생님에게까지 말을 했었구나. 생각에 잠긴 내게 아이는 사랑이 가득 한 눈으로 꽃을 바라보며 말을 했다.

"난 무궁화가 좋은데, 엄마도 그래요?"

"그러엄……."

대답을 하면서도, 내가 아이만 했을 때 무궁화를 좋아하지 않았던 기억이 되살아나 마음이 편치 않았다. 학교에 들어가 무궁화가 우리의 꽃이라는 걸 알게 된 뒤부터는 속이 상할 정도였다.

왜 하필이면 향기도 별로 없는 흐릿한 연보랏빛 그 꽃을 나라꽃으로 정했을까. 화사한 빛깔의 꽃도 많고, 진한 향기로 사람의 마음을 사로잡는 꽃도 많고 많은데.

게다가 줄기와 이파리에 잔딧물이 다닥다닥 붙어 있는데도 피어나는 게 너무 질겨 보여서 싫었고, 몇 달을 두고 줄기차게 한 쪽에서는 피고 한쪽에서는 지는 모습 또한 끈기라는 의미와는 상관없이 몹시 지루하게만 느껴졌다.

그런 생각을 이십 년 넘게 품고 지내다가, 무궁화를 전혀 새로운 눈으로 바라보게 된 건 상담 교사들의 모임이 있는 방에서였다. 우연히 벽에 걸린 지도에 눈길이 머물렀다.

그것은 우리나라 지도를 수십 송이의 꽃으로 표현한 거였는데, 꽃모양이 반듯반듯 하면서도 유달리 두드러진 것이 없는 그 꽃들이 바로 다름 아닌 무궁화였다.

우리 국토의 모양에 맞추어서 활짝 핀 무궁화를 놓기도 하고, 반쯤 벌어진 것을 놓기도 하고, 섬에는 따로이 꽃봉오리를 놓기도 해서 전체적으로 사진을 찍은 것 같았다.

일흔이 넘는 꽃송이를 하나하나 손가락으로 짚어가며 세는 동안 무궁화에 대한 생각이 차츰 달라져 가고 있었다. 느낌이 강해서 각자 두드러지는 꽃을 늘어 놓았더라면, 저렇게 서로가 잘 어우러진 꽃지도가 과연 이루어질 수 있었을까.

그후 보다 더 인상적인 무궁화 꽃지도를 보게 된 건 독립 기념관에 가서였다. 독립 신문에 '무궁화로 수를 놓아 만든 지도'라는 제목으로 소개가 된, 한서 남궁억이 창안을 했다는 한 장의 우리 나라 지도가 무엇보다 가슴 깊이 와 닿았다.

　흰 천에 명주실로 한 올 한 올 수 놓여진 그 지도는 무궁화의 줄기로 산맥을 표현하고, 열 송이의 꽃과 봉오리와 이파리로 해안선을 표현하여 우리 국토의 모습을 수려하게 그려내고 있었다.

　독립을 기리는 아낙네들 사이에서 소리없이 번져나갔었다는 그 지도야말로, 그곳에 모아진 독립의 염원 중에 가장 조용하게 타오른 것일지도 모른다는 생각이 들었다.

　두 장의 꽃지도를 통해 무궁화에 대한 애정이 싹트기 시작한 지

얼마가 지난 여름이었을 게다. 시간이 나서 교정의 화단을 돌아보노라니, 발밑에 떨어진 무궁화 꽃봉오리가 수두룩했다.

하나를 주워들며 피지도 못하고 떨어졌구나 하다가는 뭔가 이상해서 다시금 유심히 살펴 보았더니, 그건 피지 못한 꽃봉오리가 아니라 다 피고서 떨어진 꽃송이였다.

활짝 벌어졌던 다섯 장의 꽃잎이 안으로 도르르 말려 그토록 단아한 자태로 질 수가 있는지. 필 땐 곱고 화사하다가도 질 때는 너저분하기 십상인 많은 꽃 중에서, 필 땐 눈에 띄지 않는 소박한 모습이다가도 질 때는 정갈한 아름다움으로 자기를 마무리하는 꽃이 바로 여기 있었구나.

그렇게 해서 사랑하게 된 나라꽃을 아이는 처음부터 애정이 깃든 눈으로 바라보고 있으니, 얼마나 다행스럽고 고마운지. 내가 본 아름다운 무궁화 꽃지도를 어서 보여 주어야겠다는 생각이 들었다.

아마릴리스 신부님

자그마한 체구에 유난히 큰 안경과 나이에 어울리지 않는 대머리 탓이었을까. 처음엔 영 마음에 안 드는 신부님이었다. 내가 그분을 유심히 보게 된 건 흔들리는 마음을 조금은 붙잡아 줄 수 있지 않을까 하는 기대감에서였다.

영세를 준 신부님께서 다른 성당으로 가버리시고 난 뒤 영 마음의 안정을 찾지 못하고 있었으므로 신이 나서 참석하던 주일 미사도 시들해지고, 학교에서 돌아오는 길에 성당에 들러 기도하는 일은 아예 귀찮아지기까지 했다.

게다가 새로 온 주임 신부님은 성격이 괄괄해서 먼저 분과는 분위기가 아주 달랐다. 미사 드리는 목소리까지 먼저 신부님에게 길들여진 나로서는 받아들여지지 않는 것 투성이였다.

그래서 새로 온 보좌 신부님을 연신 지켜볼 수밖에 없었지만 기대는 계속 엇나가기만 했다. 담배를 많이 피워서인지 미사를 보다가도 캑캑거리기 일쑤였고, 그걸 듣노라면 내 목까지 답답해졌다.

더욱 힘든 건 하필이면 먼저 신부님이 가자마자 견진성사를 받아야 한다는 사실이었다. 영세받은 사람이 그 믿음을 굳세게 가지기 위해 받는 성사였기에 기다리고 있었는데, 문제는 보좌 신부님이 하는 열 흘 정도의 교리 공부를 해야하는 거였다.

무엇이든 미루는 것을 싫어하는 터라 결국 하는 쪽으로 기울기는 했지만 교리 시간은 내내 마음은 딴 데로만 향했다. 그래도 주교님에게 성사를 받을 때는 얼마나 뿌듯한지, 내 믿음이 사람에게 걸려 넘어지지 않았다는게 무엇보다 기뻤다.

그 뒤로는 따르던 신부님이 가신 것에 대한 서운함도 가셔지고 흔들리던 마음도 안정이 됐다. 그러면서 어느덧 성탄이 되어 모두 다 고백 성사를 보아야 할 때였다. 퇴근 길에 들르니 사람이 너무 많아서 미사 전에 볼 수가 없었다.

그 날 아침 남편과 심하게 말다툼을 했기에 꼭 고백성사를 보고 돌아가고 싶었다. 미사가 끝나기를 기다렸다가 용기를 내어 보좌 신부님이 있는 사제관으로 올라갔다.

조심스레 벨을 눌렀을 때, 누구셔요 하는 그 나쁜 목소리가 그 때만은 몹시 반가웠다. 머뭇거리다가 오늘 고백 성사를 보지 않으면 집으로 돌아갈 수가 없을 것 같아서 왔노라고 했다.

그랬더니 얼른 문을 닫고 나와서는 쉐타의 단추를 다 채우고 단정히 서서 성호를 긋는 거였다. 신부님의 얼굴을 보며 고백을 하는 건 쑥스러웠지만 진지한 자세 때문에 그걸 느낄 겨를이 없었다. 그리고 결국은 그 특이한 고백 성사로 인해, 시간이 지나면서 차츰 자유롭게 이야길 나누는 친구가 됐다.

나는 중학교 과정부터 오랜 시간을 신학교에서 보냈다는 그분의 삶의 이야기가 신기했고, 그분은 나의 학교 생활이나 아이를 키우는 과정에서 생겨나는 이야기를 관심깊게 듣곤 했다.

그러는 동안 마음에 안 든다고만 여겼던 모습마저도 재미있는 인상이라고 느낄 만큼 변해갔다. 알고 나니 어찌나 밝고 재치가 넘치는지 깐돌이 신부님이라는 별명을 붙였을 정도였다.

하루는 예전처럼 퇴근을 하다가 성당에 들렀을 때였다. 성모상 앞에 그분이 서있는 게 눈에 띄었다. 반가워서 인사를 하려고 보니 누군가가 옆에 바싹 붙어 서 있었다.

멈칫하고 있는데 마침 돌아서던 그분이 나를 알아보고는 먼저 인사를 했다. 한데, 따라 돌아서는 하나의 얼굴이 똑같았다. 눈이 커지며 두 사람의 얼굴을 번갈아 봤다.

"내 동생. 아니, 우리가 우리 나라에서는 유일한 쌍둥이 신부라는 걸 여태 몰랐단 말이예요."

군종 신부로 근무 중인데, 잠시 형에게 다니러 온 것이라는 동생 신부님의 입가에도 밝은 웃음이 번져갔다. 그 때문이었는지 내 입에서 나오는 소리 또한 장난기가 배어 있었다.

"아마릴리스 신부님들이로군요."

그러면서 성모상 앞에 놓인 아마릴리스 화분을 손가락으로 가리켰다. 마침 주홍빛 아마릴리스 두 송이가 피어나 있었기에 좋은 비유가 됐다. 한 개의 꽃대에서 보통 네 개의 꽃이 나오는데, 거의가 두 송이씩 맞붙어 피곤해서 쌍나팔 같았다.

"야, 그것 참 좋은데."

"우리 이제부턴, 저 꽃을 사랑해야겠다."

얼굴을 마주 보며 말을 주고 받은 그분들의 모습은 말할 수 없는 안도감을 안겨 주었다. 젊은 신부들을 보면, 그들이 어떻게 노인이 되도록 저 외로운 길을 걸어 갈 수 있을까 하는 생각이 들었었는데.

나란히 선 그 쌍둥이 신부님들에게서는 하나가 쓰러지려고 할 때면 하나가 버텨가며, 끝까지 걸어가고 남으리라는 든든함이 느껴졌다. 그 후 나란히 미사 집전하는 것을 보게 되었을 때는 아마릴리스를 닮은 신부님이라는 느낌이 더욱 짙어지는 거였다.

"서로 삶의 버팀목이 되고 있는 저들을 하느님께서는 얼마나 흐뭇한 눈으로 내려다보고 계실까."

페츄니아 축제

흰빛과 보랏빛, 그리고 흰빛과 빨간빛이 섞인 알록달록한 엷은 꽃잎을 바람에 나풀거리는 페츄니아를 볼 때마다 항상 작은 나팔을 연상하곤 한다.

모여라 모두 모여라 하며, 맑고 즐거운 축제의 나팔 소리를 내고 있는 듯이 보이는 모습. 어쩌면 춤추는 나팔 같기도 한 그 꽃들을 보며, 일상에서는 가져보지 못하는 축제의 설레임을 혼자서 안아보는 것인지도 모른다.

남편과 아이와 함께 용산 성당에 갔던 지난 일요일은 페츄니아가 알려준 그런 축제에 간 기분이 든 날이었다. 언제 보아도 밝은 모습인 쌍둥이 신부님들을 만날 수 있었던 것도 그랬고, 페츄니아가 피어 있는 성직자 묘지를 바라볼 수 있었던 것도 그랬다.

그 성당의 주임으로 있는 동생 신부님에게서 전화가 걸려 온 건 며칠 전, 시간을 내서 남편과 함께 자기 성당에 와주지 않겠느냐고 했다. 성당 뜨락에 있는 큰 나무가 죽어 가는데 그런 쪽을 잘 아는 사람의 도움이 필요하다고

웃음지을 일은 산꼭대기에 있는 성당을 찾느라고 간신히 맞추어 간 주일 미사 시간에서부터 생겼다. 미사를 집전하는 동생 신부님을 보고 남편과 아이는 형 신부님이다, 아니다 하며 옥신각신했다.

미사가 끝난 후, 처음 만나는 그 신부님과 인사를 나누면서도 남편은 내내 긴가민가한 모양이었다. 몇 번 대하는 사이에 억양으로 구분을 하게 된 내게 동생 신부님은 먼저 사제관에 가 있으라며, 정작 만나고싶은 사람은 거기 있지요 했다.

그곳 이층에서 우리 성당에 있다가 지금은 평화 방송으로 간 형 신부님을 만나게 됐다. 노란 셔츠 차림에 맨발을 한 신부님은 어느 때보다 경쾌한 모습으로 우리를 반겼다.

그리고는 이내 유리컵을 가져다가 포도주를 한 잔씩 따라주며 건배하자고 했다. 쥬스를 마신 아이는 금방 장난을 시작했고, 남편과 신부님 사이에는 나무에 관한 이야기가 자연스럽게 오갔다.

얼마 있자니 형 신부님 못지 않게 경쾌한 동생 신부님의 목소리가 아래서 들려 왔다. 내려가자 사제관에 있는 분이 정성껏 마련해 준 점심이 벌써 차려져 있었다.

수단을 벗고 런닝 바람인 동생 신부님이나 맨발로 그냥 내려온 형

신부님이나, 성당 안에서의 느낌과는 너무 달라서 얼마나 편안한지 몰랐다. 과일까지 맛있게 먹고 나서는, 이제는 해야할 일을 하러 갑시다 하며 모두 밖으로 나갔다.

링겔을 꽂은 채 잎이 말라 들어가고 있는 성당 계단 옆의 큰 느티나무를 얼마동안 살펴보고 나서, 남편은 배수가 잘 안 되는데다가 건물을 지을 때 뿌리가 건드려진 것 같다고 했다.

일러주는 처방을 메모까지 해가며 듣고 있던 동생 신부님은 온 김에 줄기가 꺼멓게 되어가는 다른 나무들도 보아 달라 했다. 남편은 신부님을 따라 이리저리로 옮겨 다녔다.

그 사이에 아이는 성당 마당에서 팽이를 돌리며 놀고 있던 아이들 틈으로 섞여 들어갔고, 형 신부님과 나는 이야길 나누며 다른 곳과는 비교가 안 되게 넓은 성당의 뜨락을 거닐 수 있었다.

입 밖에 내어 말한 적은 없어도, 서로의 삶의 가치를 충분히 인정하고 있는 터라 그분과는 마음이 잘 통했다. 무엇보다 좋은 건 어떤 이야기든 싱그럽게 주고 받을 수 있다는 거였다.

일흔 두 분이나 되는 신부님들이 묻혀 있다는 성직자 묘지는 성당 아래 쪽이었다. 둘레에는 야트막한 철책이 쳐져 있고, 가운데 계단을 중심으로 묘가 층층이 늘어서 있었다. 맨 위에는 나무로 된 제대가 있고, 김대건 신부님상과 성모상이 세워져 있어 자못 엄숙한 분위기를 자아냈다.

하지만 잔디가 파랗게 덮인 평평하고 네모난 봉분과, 그 앞에 있는 납작한 비석들은 오후의 햇살을 받아 평화롭기 그지없었다. 죽음 전까지 사제의 길을 걸어간 분들만이 지닐 수 있는 영혼의 안식이 그렇게 조용히 드리워진 듯했다.

그 평화로움 더해주는 건 묘 사이 사이로 뛰어다니며 재미나게 놀고 있는 몇몇 아이들. 분홍빛 치맛자락을 나풀거리는 한 여자 아이는 아예 비석 위에서 깡충거렸고, 언제 따라왔는지 내 아이까지 그 속에 섞여 마냥 즐거워 하고 있었다.

묘지인데도 아이들이 전혀 무섭게 느끼지 않는 모양이네요 했더니, 신부님은 무서워하기는 커녕 더할 나위없이 좋은 놀이터라며 어떤 때는 개들까지 와서 함께 뛴다고 했다.

순간 어떤 분들이 잠들어 계시는 곳인데 싶어 그래도 되느냐고 물었더니만, 신부님은 그냥 빙그레 웃기만 했다. 그 웃음을 바라보면서 나도 저절로 생각이 바뀌어 갔다.

그래, 자기를 버리고 다른 이의 삶의 빈 자리를 메꾸어 주기위해 애쓰다 간 저 분들은 죽어서까지도, 자기 안식의 자리를 뛰어놀 곳이 없는 도심의 아이들에게 내주고 계시는 거로구나.

다시금 바라보니 흰빛과 보랏빛의 페튜니아가 심어진 비석 위의 화분 몇 개가 눈에 띄었다. 마침 그곳을 지나는 바람에 그 엷은 꽃잎은 팔랑거렸고, 그것이 축세를 일리는 나팔로 여겨졌다.

영원한 쉼의 자리를 아이들에게 내주고 있는 저 분들의 넉넉한 마음. 그런 건 아랑곳없이 마냥 뛰놀고만 있는 아이들. 오랜 친구로 남을 신부님과 함께 그걸 흐뭇하게 바라볼 수 있는 기쁨. 잔디를 더 파랗게 할 방법을 일러주는 남편과 또 하나의 신부님.
　그 모습들이야말로, 모두 모두 모여라 하며 작은 나팔을 부는 듯이 보이곤 하던 페츄니아 축제에서 팔랑이며 춤을 추고 있는 삶의 조촐한 아름다움이었다.

병꽃나무 산

초록빛 바지 차림에 등산화와 배낭까지, 아이들은 그런 내 모습에 눈이 커지고들 있었다. 하긴 아직 한 번도 해보지 않은 차림이었기에 내가 봐도 그랬으니 아이들이 그러한 건 당연했다.

그런 모습으로 아이들 앞에 나타난 건 함께 북한산에 오르기로 한 토요일 오후였다. 얼마 전까지만 해도 생각조차 할 수 없었던 그런 산행이 이루어지게 된 데는 이유가 있었다.

교직 생활 십 년만에 처음으로 삼 학년을 맡고서 내 나름대로 열심히 했다. 한데 유월에 본 모의고사에서 우리 반은 성적이 제일 나빴다. 아이들이 밉기도 하고, 내 능력에 한계가 느껴지기도 해도 얼마 동안은 우울하게 지냈다.

그러다가 학기말 고사에서 일등을 하지 못하면 가만히 두지 않겠다고 매서운 눈으로 벼르기 시작했다. 그것이 가져온 결과는 의외였다. 얼마나 시험들을 잘 보았는지, 학기말 고사는 물론 일학기 전체를 합친 것까지 일등을 해놓았으니 말이다.

　교실이 떠나갈 것 같은 아이들의 환호성을 들으며 그 기쁨을 더욱 인상적으로 만들어 주어야겠다고 마음 먹었다. 마침 오랫동안 산행을 해온 국어과의 선배 선생님이 일학년 자기 반 아이들과 함께 북한산에 오른다는 이야길 듣게 됐다.

　간곡하게 부탁을 해서는 우리 반 아이들까지 데리고 따라 나섰다. 물론 처음 등산화를 신고 걸으며 불안하지 않은 건 아니었다. 하지만 어설픈 모습을 보이고 싶지 않아서 익숙한 척 하고 걸었다.

　그런 내 뒤에서 아이들은 아줌마답지 않게 씩씩하시다는 둥 하며 농담을 해왔다. 그 말을 듣자니 떠오르는 곳이 있었다. 그건 지난 오월에 올랐던 병꽃 나무의 산이었다.

　나로 하여금 배낭과 등산화를 사게까지 만든 산. 산에 오르는 기쁨을 처음으로 알게 해준 그 산엘 가게 된 건 춘천에서 있은 우리 교감 선생님 따님의 결혼식 때문이었다.

　어릴 때 춘천에서 살았던 기억이 있어서 동료 선생님들과 그곳에 간다는 것만으로도 좋았다. 거기다 산행을 자주 하는 그 선배 선생님을 비롯한 몇 사람이 돌아오는 길에 근처에 있는 삼악산에 오르기로 했다는 말을 듣게 됐다.

　그때는 고통을 이겨내며 무언가 끝까지 해내고 싶은 내면적인 욕

구가 유난히 강했다. 그래서 가파르기 그지없다는 그 산에 나도 따라 오르겠다고 하며 운동화와 바지까지 준비를 해갔다.

사실 산을 오르기 시작할 때는 여간 걱정이 되는 게 아니었다. 하나 마음을 단단히 먹은 탓인지 의외로 발걸음이 가벼웠다. 중턱에 다다르자, 그 선배 선생님과 나만 끝까지 가겠다고 나서고 나머지는 다 처져서 주저앉아 버렸다.

들던 대로 꼭대기에 이르는 길은 험했다. 얼마나 가파른지 올라가려고 하면 코끝이 바위에 닿을 정도였다. 그러면서 드디어 꼭대기에 올랐을 때 내려다 보이는 것은 연초록빛 숲과 그 숲의 빛깔을 닮은 강과 그 위를 나는 하얀 새.

무어라 할 말을 잃고 넋이 나간 듯이 얼마를 서 있었다. 그러다가 가만히 꼭대기 바위에 누워보았다. 그랬더니 눈 속으로 파랗게 내려오는 하늘과 그 하늘의 품 속으로 안겨 들어가는 퍽이나 가벼워진 또 하나의 내가 거기 있었다.

힘겹게 오른 산의 꼭대기에서 그런 아름다움을 맛볼 수 있으리라고는 상상조차 못했는데. 이건 정말 뜻밖의 기쁨이라는 생각이 들어 갑자기 가슴이 찡해지는 거였다.

내 삶의 모든 것을 다해 영혼의 산을 끝까지 오를 수만 있다면, 정녕 이보다 더한 아름다움도 만날 수가 있으련만. 그러한 깨달음조차 아직 얻지를 못하고 있었구나.

그래서인지 아직도 영혼의 산기슭에서만 맴돌고 있는 내 자신의 모습이 그때만큼 실감나게 다가온 적도 없었다. 그런 나를 웃으며 바라보는 선배 선생님의 눈 속에서, 말하지 않아도 알 수 있는 산행의 의미를 벌써 배운 것인지도 몰랐다.

산을 내려 오면서는 또 다른 한 가지를 알게 됐다. 그건 나를 끝까지 끌어올린 것은 다름아닌 병꽃 나무라는 사실. 산기슭에서부터 병 모양의 붉은 꽃이 조랑조랑 매달려 핀 그 나무를 보며 어디까지 있나 보리라 했는데 정말 끈질기게 서 있었다.

이젠 없나 하면 어디선가 또 눈에 띄고, 결국은 꼭대기에서마저도 제일 먼저 눈에 띄는 거였다. 오르는 길 내내 피어 있던 그 병꽃은 내려오는 길 내내 또 피어 있었기에, 어느새 그 산은 병꽃 나무의 산으로 내 기억 속에 자리잡았다.

그 때 가지게 된 자신감 때문이었을까, 북한산 역시도 아이들과 함께 끝까지 오를 수가 있었다. 기뻤던 것은 꼭대기인 백운대에 올랐을 때 어디서부턴가 밀려오기 시작한 구름, 그 구름 속에서 우린 모두가 영혼의 세계에 든 사람들처럼 서 있었다.

내려오는 길엔 추억을 더욱 인상적으로 만들어 줄 셈이었는지 맑은 비까지 내렸다. 온통 비에 젖어 산길을 걷고 또 걸으며 아이들과 나는 마음껏 진초록빛 산이 되어갈 수 있었다.

울릉국화 계단

오늘도 쉴 새 없이 뛰어다니는 아이들로 하여 먼지투성이가 되곤 하는 계단을 오르내리면서, 가장자리의 풀밭에 하얀 꽃이 피어있던 그 계단을 생각했다.

그건 어쩌면 쉽게 가셔지지 않을 미련의 한 조각인지 몰랐다. 유난히 기억에 남은 울릉도 성당의 그 계단은 내가 나가는 학교의 계단을 자꾸만 답답하게 만들어 놓곤 했으니 말이다.

애초에 그 먼 섬을 찾아갔던 것부터가 믿어지지 않은 일이었다. 동료교사 몇 명과 그 부인들과 함께이기는 했지만, 남편과 아이를 남겨둔 채 혼자서 다녀올 수 있었기에 더욱 그랬다.

휴가가 이미 지나버린 남편은 처음엔 자기가 갈 수 없어서 안 된다고 했다. 그러다 한참을 생각하더니만, 말려 봐야 될 일이 아니라고 판단했는지 조심해서 다녀오라고 했다.

사실 짐을 꾸려가지고 집을 나서는 순간까지 나 또한 실감이 나질 않았다. 그래서 포항에서 밤배로 일곱 시간 반만에 닿은 울릉도가 누구보다 반가웠는지 모른다.

새벽 안개 속으로 드러나는 그 모습을 보며 얼마나 크게 탄성을 올렸는지 옆 사람까지 놀랄 정도였다. 그리고선 오징어잡이 배를 타고 섬을 한 바퀴 돌면서 본 그 기이한 바위와 하얀 갈매기들, 에메랄드빛이라고밖에는 말할 수 없는 바닷물.

게다가 그보다 더 깊은 인상을 남긴 곳이 있었다. 그곳은 갈 수 있으리라고 아예 기대조차 하지 않았던 섬 안에 하나뿐인 성당이었다. 길 가는 사람에게 무심코 물었는데 뜻밖에 아주 가까웠다.

수녀님은 성모상을 향해 올라가는 긴 계단을 가리키며 묵주 기도를 꼭 하고 가라고 했다. 계단 양쪽에 쳐진 밧줄과 그 밧줄에 죽 꿰어진 커다란 나무알들을 하나씩 잡고 기도를 드리며 올라가는 동안은 어느 때보다 마음이 모아지는 느낌이었다.

꼭대기에 다달아 대리석으로 된 성모상 앞에 엎드렸을 때는 간절함이 한 줄기 눈물이 되어 주르르 흘러내렸다. 늘 하는 묵주 기도 안에서는 쉽게 맛볼 수 없었던 그 벅찬 성모님과의 일치.

돌아서서 내려다 본 섬의 앞바다는 저절로 감탄이 나오리만치 잔잔하고 푸르게 빛나고 있었다. 마치 마음을 다해 기도를 드린 사람만이 얻을 수 있는 평안의 모습처럼 느껴졌다.

내려오는 길에 올라갈 때부터 눈여겨 보았던 하얀 꽃을 유심히 들여다 봤다. 꽃들은 풀이 무성한 계단의 가장자리에 줄을 이루며 피어 있었다. 마아가렛을 닮은 모양새인데 꽃잎이 좀 큰 걸 보면 아닌 것 같기도 했다.

나중에 안내책을 사서 보니 울릉도에만 피는 울릉국화였다. 이름까지도 섬에 있는 성당의 그 계단을 인상적으로 기억하게 만드는 꽃이었다. 시들지 않게 가져갈 수만 있다면 몇 송이 꺾어 가기라도 하련만. 망설이며 손을 내밀다가는 말았다.

떠나는 날 아침 바쁜 틈에도 기어이 그곳에 들러 다시금 눈에 새긴 탓인지. 돌아오는 뱃길 내내 그 계단에 대한 기억만 머릿속에서 오락가락 했다. 그리고 어찌된 일인지 그 기억은 집에 도착하면서부터는 오히려 씁쓸함을 안겨주는 것으로 변해갔다.

또다시 무덤덤한 빛깔로 돌아와버린 묵주 기도와 개학을 하고 나서는 유난히 재미없게만 느껴지는 학교의 계단. 얼마를 그러다가 꿈에서까지 그 섬엘 다녀온 뒤였다.

진정한 기도 뒤의 환희로만 다가오던 그 계단의 의미가 달라지기 시작했다. 그건 지금의 지루한 날들이 그 계단의 한 칸 한 칸에 해당할지 모른다는 것. 큰 묵주알을 잡고 드렸던 긴 기도에 해당할지 모른다는 생각이 들어서였다.

결국 그 계단의 꼭대기에서 가졌던 그런 환희를 안기 위해서는 따분하더라도 하루하루를 착실하게 오르는 수밖에 없었다. 그런 생각들을 받아들였다고 해서 달라지는 것 또한 아무 것도 없었다.

　섬과 계단에서의 시간들은 여전히 미련으로 남아 있고, 그 기억을 안고 오르는 학교의 계단들은 힘들기만 했다. 그나마 다행스러운 건 울릉국화가 피어있던 계단을 통해서 얻은 깨달음이 머리 위에서 빛나고 있다는 사실이었다.

꽃무늬

전통 혼례를 치르는 곳에 갔었다. 봄꽃들에 둘러 싸여 뜨락에서 혼례를 올리는 모습은 참 보기 좋았다. 한복 차림의 꼬마들이 초롱을 들고 곁에 서있는 것 또한 인상적이었다.

한데 병풍을 둘러친 한 쪽 끝에서 이상한 소리가 나기에 눈을 돌렸다. 거기엔 이 단짜리 화환이 하나 서 있었는데, 아가씨들 서넛이 둘러서서 재빠르게 꽃을 뽑아내고 있었다.

어이없이 하며 서 있던 계단에서 내려와 그쪽으로 다가갔다. 화환에 달린 리본을 보니, 내가 아는 신랑 쪽의 직장 상사가 보낸 것이었다. 그 아가씨들은 신부의 친구들인 듯했다. 주제넘다는 생각을 하면서도 입을 열지 않을 수가 없었다.

"신랑에게로 온 화환인 모양인데, 식이 끝나기도 전에 이렇게 망가뜨려도 되는 건가요."

거어베라와 장미 등, 값이 비싼 꽃을 한 송이라도 더 가지려고 손을 놀리던 그녀들은 난데없는 내 말에 기분이 상했는지, 한 아가씨가 대표로 이내 쏘아 붙였다.

"어차피 결혼식이 끝나면 누구라도 다 뽑아갈 텐데, 지금 좀 뽑으면 안 되나요. 늦게 도착해서 이렇게 한켠 구석에 있는데요, 뭘"

더는 할 말이 없어서 한심하다는 표정만 지으며 물러서고 말았다. 그리고서 주변을 돌아보니, 그녀 말대로 화환은 대여섯 개나 됐고 구석에 있는 그 화환은 별로 눈에 띄지도 않았다.

장례식이나 결혼식, 또는 축하연에 언제부터 그렇게 요란한 화환들이 무슨 권위의 상징처럼 등장하기 시작했는지. 평소부터 가지고 있던 거부감이 한꺼번에 밀려와 한숨이 터져 나왔다.

어느 호텔에서 열린 종교 집회에 천정까지 닿을 듯한 화환이 수십여 개 늘어선 것을 보았을 때는, 너무나 역겹게 느껴져서 그것들을 다 쓰러뜨리고 싶은 충동마저 일었었다.

꽃은 정녕 사랑의 마음이 없으면 살 수가 없는 것인데. 국화 한 다발이나 카네이션 한 송이만으로도 받는 이의 마음에 얼마든지 아름다운 꽃무늬를 이루어낼 수 있는 것인데.

그걸 알지 못하는 사람들이 거드름을 피우며 몇 단짜리 화환을 보내고, 그걸 받은 사람들은 또 그 숫자만으로 자기가 꽤 그럴 듯한 사람이노라고 자랑심는 일이 나반사이니.

그런 일만은 없었으면 하는 바람으로, 가끔씩 아주 고집스럽게 그 대단한 화환들 밑에 작은 꽃다발을 놓고 오곤 한다.

몇 차례 내가 다니는 성당 성모의 밤에 시를 낭송한 적이 있다. 그때마다 꽃들에 싸여 시를 바칠 수 있음에 깊은 감사를 드리곤 했다. 내가 진실로 선택받은 성모님의 고운 딸이라는 생각이 들어 기쁘기 그지없었다.

처음 영세를 받고 성모의 밤에 참석했을 때는 내가 속한 교직자 모임의 대표로 꽃을 바쳤다. 누가 시키지도 않았는데 자진해서 한복까지 차려입고 꽃집에서 맞추어 온 큼직한 꽃바구니를 안고 나가던 때의 뿌듯함은 오래도록 가슴에 남았다.

그 후론 꽃을 바치는 것은 다른 분이 하고 나는 시를 낭송했는데, 성모님을 사랑하는 마음을 성당 마당을 꽉 메운 사람들 앞에서 드러낼 수 있다는 건 흐뭇하기 그지없는 일이었다.

한데 지난 해 성모의 밤이었다. 내 옆에 서 계시던 구부정한 한 할머니의 모습이 전혀 다른 생각을 하게 만들었다.

그 할머니는 각 모임에서 바치려고 준비한 화려한 꽃바구니들과는 비교가 안 되는 하얀 장미 몇 송이를 들고 있었는데, 첫눈에도 집에서 꺾어온 줄장미임을 알 수 있었다.

게다가 연신 혼자서 되뇌이는 들릴 듯 말 듯한 중얼거림은 손에 들고 있는 그 꽃보다 훨씬 더 소박한 빛깔이었다.

"시골에선 왼종일 들꽃을 꺾어다가, 정성스럽게 관을 만들어 머리에 얹어 드렸었구만……."

그 말 속에 숨겨진 것이 요란한 꽃 봉헌에 대한 비난이었는지는 알 수 없었지만, 그때부터 영적 꽃다발이라도 되는 양 자랑스럽게 품고 있던 내 시가 부끄러워지기 시작했다.

난 결코 선택받은 성모님의 딸이 아니었는데, 소박함의 극치를 이루며 살다 가신 어머니께서 꽃이나 시로 된 이러한 빛깔의 봉헌을 정녕코 달가워 하실 리가 없는데.

화려한 꽃바구니의 봉헌이나 그럴 듯한 봉헌시 대신 이런 밤에마저도 아픔으로 하여 성당에 오지 못하는 사람들을, 진정 그 사람들을 보살필 줄 아는 따스한 마음을 더 기꺼워하시지 않을까.

그 날 진땀을 흘리며 시를 낭송하고 돌아오면서 분명히 알 수 있었다. 놓을 자리가 없게 꽃이 바쳐지고 시가 낭송되고 촛불이 켜지곤 하는 그 행사가 우리에게는 어떨지 몰라도 성모님의 마음에는 결코 꽃무늬가 될 수 없다는 엄연한 사실을.

어머니의 마음에 꽃무늬가 될 수 없는 행사가 우리 마음에 만족의 꽃무늬를 일으키기 위해 행해지면 안 된다는 사실을 깨달은 것만으로도 축복이었다.

저녁 버스와 장미

하루 종일 오락가락 하던 비가 퇴근을 할 무렵에야 그쳤다. 우산을 쓰지 않고 비에 젖은 거리를 걷노라니 기분이 상쾌했다.

그날 따라 버스 정류장으로 향하는 길 모퉁이에 꽃을 파는 짐 수레가 와 있었다. 반색을 하며 다가가서 어느 꽃을 살까 하고 고르다가, 단으로 묶어 차곡차곡 쌓아놓은 장미에 눈이 갔다. 한 단에 얼마씩 하느냐고 물었더니 꽃집에서 사면 반도 안 되는 값이라 눈이 번쩍했다.

물론 그만큼 싱싱하지는 않았지만, 여느 땐 마음껏 사보지 못했던 장미를 넉넉히 살 수 있어서 좋았다. 노란 장미 한 단과 하얀 장미 두 단에다, 덤으로 준 다섯 송이까지 합쳐서 묶으니 푸짐했다.

그것을 안고 버스를 기다리는 동안 장미 축제에 대한 상상을 했다. 오늘은 집안이 온통 장미 향기로 물들겠구나. 아이 방과 내 방에 꽂고도 남을 테니 항아리 꽃병에 꽂아서 마루 탁자에까지 올려 놓으면 집안 분위기가 얼마나 달라질까.

얼마 지나자 어린이 대공원 후문쪽으로 가는 버스가 왔다. 행여 꽃이 다칠세라 조심조심 하며 맨 끝으로 탔다. 마지막 계단에 발을 올려 놓는 순간 누가 반갑게 인사를 했다.

"어서 오세요. 예쁜 꽃을 사셨네요."

의아해하며 고개를 드니 그렇게 인사를 하는 사람은 다름아닌 운전기사 아저씨였다. 얼결에 예 하고 짧은 대답만 하고는 어떻게 생긴 분인가 싶어 얼굴을 다시 쳐다봤다.

대머리가 약간 지고 얼굴빛이 훤한 게 후덕함이 절로 풍겨나는 인상이었다. 올라타는 사람들에게 일일이 하는 그 인사가 결코 꾸며서 나온 것이 아님을 한 눈에 알 수 있었다.

"아, 바로 저 분이었구나."

아침 버스에서 그분을 만난 건 일 년쯤 전이었다. 출근길에 역시 그 버스를 타는데, 처음 보는 기사 아저씨가 어서 오세요 하며 마치 잘 아는 사이처럼 인사를 건네는 거였다.

너무 뜻밖이라 그땐 고개만 끄덕이고 올라탔다. 하나 그 한 마디에 얼마나 기분이 상쾌해지는지 감사하다는 마음이 저절로 생겨났다. 마침 운전석 뒤에 자리가 있기에 앉아서 지켜보니, 계속해서 그렇게 타는 사람마다에게 인사를 하는 거였다.

사십여 분 정도가 지나 내가 내릴 때까지 줄곧 그러는 걸 보며 참 대단한 분이구나 싶었다. 그러면서도 한 편으로는 아침이니까 저러는 거겠지, 설마 저녁까지야 저러려고 했었다.

한데 그날 퇴근길 버스에서 다시금 만나고 나니 정말 놀라지 않을 수 없었다. 저녁인데도 저러는 걸 보면, 일을 시작해서 마칠 때까지 계속 인사를 하는 모양이로구나.

그뿐만이 아니었다. 어떤 아주머니가 토큰을 미처 못 산데다가 잔돈마저 없어 이십 원이 모자란다고 하자, 대답이 또 의외였다. 간혹 그런 사람이 있을라치면 몹시 무안을 주곤 하던 다른 기사 아저씨와는 판이하게 달랐다.

"있는 대로 내세요. 살다보면 그럴 수도 있는 거지요."

그렇게 말하며 웃는 그분의 얼굴을 보는 순간 문득 부처님을 닮았다는 느낌이 들었다. 짜증스러운 시내길을 다니면서도 다른 이에게 저토록 너그러울 수가 있다니. 그건 깊은 깨달음을 가슴에 품지 않고서는 결코 지닐 수 없는 마음의 여유였다.

일부러 안 쪽으로 들어가지 않고 운전석 뒤에 있는 손잡이를 잡고 서서 내내 그 모습을 지켜봤다. 그러다가 무언가 마음의 표시를 할 수 없을까 하는 생각이 들었다. 이리저리 궁리를 하는 동안 마음이 기울며 눈길이 가닿은 건 내가 안고 있는 장미 꽃다발.

하지만 그 꽃다발을 불쑥 내밀었을 때 어떻게 받아들일지를 몰라서 잠시 망설여졌다. 내릴 때는 자꾸 가까워오고, 한두 번 주저하다가 용기를 내어 운전석 옆으로 몇 걸음 옮겼다.

운전하시는데 죄송하지만 이야기 좀 드릴게요 하며 말을 꺼냈다. 그분은 운전석 앞에 붙어있는 거울을 통해 내 얼굴을 보며, 오히려 반기는 듯한 표정으로 그러라고 대꾸를 했다.

우선 내가 십 년 넘게 그 버스를 타고 다녔다는 말부터 했다. 어느날 승객에게 일일이 인사를 하는 아저씨를 처음 보았고 덕분에 기분좋게 출근을 할 수 있었다고 그 후 다시 뵐 수 있었으면 했는데, 오늘 뵙게 되니 무척 반갑다는 말을 덧붙였다.

"저 이거, 집에다 꽂으려고 산 꽃인데 드리고 싶어요."

그러면서 들고 있던 꽃다발을 앞쪽 유리창 밑 턱진 곳에 살짝 내려 놓았다. 그분은 무척 기쁜 표정으로, 그래도 되세요 감사합니다 하며 얼른 고개를 숙였다.

종점이 얼마 안 남아서 사람들은 다 자리에 앉아 있었다. 앞에 있는 몇몇 아주머니는 대강 내용을 알아차리고, 똑같은 심정이라는 얼굴로 연신 고개를 끄덕이는 거였다.

한 정거장을 더 가서 나는 내렸다. 내리고 나서는 버스가 건널목 신호에 걸리지 않고 모퉁이를 돌아가기에 그대로 서서 인사를 했다. 그분 역시 깊이 고개를 숙이며 지나갔다.

집까지 오는 동안 꽃집을 두 군데나 지나치면서도 다시 장미를 사지는 않았다. 집에다 꽂을 장미는 한 송이도 남아 있지 않았고, 꽃다발을 안고서 그렸던 장미의 축제도 거기서 끝이 났지만 그래도 가슴은 벅차기만 했다.

   그 날 저녁 집안에서는 나만이 맡을 수 있는, 장미 향기보다 훨씬 진한 인정의 향기가 내내 풍겨났다. 분명 두고 두고 흐뭇한 삶의 기억으로 남을 만한 일이라는 걸 알 수 있었다.

후박꽃 닮은 여자

지난 주 목요일에 우리반 아이들을 데리고 국어과 공개수업을 했다. 어느 단원을 다룰까 망설이다가, 그래도 자신있는 수필을 선택했다. 전 시간에 교과서에 실린 「나의 자화상」이라는 수필을 읽힌 뒤 문제지를 풀게 해서 그 시간에 발표시켰다.

문단의 요지와 전체 요지, 주제 등을 정리해 나가는 동안 아이들은 아주 활발했다. 평소에는 소극적이던 아이까지 서슴없이 손을 드는 데는 놀라지 않을 수가 없었다. 그러다가 짤막하게 쓴 자기의 자화상을 읽힐 무렵에는 더욱 자유로운 분위기가 됐다.

아이들이 서너 명 발표하고 난 뒤 평을 해준 다음에, 내가 쓴 자화상을 들려 주었다. 직접 읽기가 쑥스럽기도 하고 시청각 교재도 사용할 겸해서, 전날 미리 녹음을 해둔 거였다.

"조경을 하는 남편은 나더러 후박나무를 닮았다고 한다. 그 나무는 성질이 까다로워서 옮겨 심을 때마다 애를 먹는다는 것이다. 나에게 날카롭다고 하는 이는 있어도 푸근하다고 하는 이는 없는 걸 보면 그 말도 맞는다는 생각이 든다.

그러나 나는 후박나무가 얼마가 향기로운 꽃을 피우는지를 알고 있다. 기왕 그 나무를 닮았다는 말을 들었으니, 나도 그처럼 그윽한 향기를 지닌 내면의 꽃을 피워야 하지 않을까."

다 듣고 난 아이들의 표정에는 내가 기대했던 대로 멋지구나 하는 감탄의 빛이 역력했다. 그걸 보며 한마디 던졌다.

"수필가가 쓴 거라 다르지?"

아이들의 입에서는 일제히 "예" 하는 소리가 나왔다. 그리고 나서 끝으로 '수필의 특성'에 대해 한 가지씩 발표하게끔 했다.

"형식이 자유로운 글이에요."

"주관적이고 개성이 강한 글이에요."

"비전문적인 글이에요."

늘 들어오고 가르치던 대로였지만, 그날 따라 세 번째 특성에 대해 내 나름대로의 생각을 말하고 싶었다. 그 시간에 다루려고 했던 내용도 마침 다 다루어졌고, 시간도 약간 남았던 터라 쫓기지 않는 편안한 마음으로 이야기를 꺼냈다.

"어느 글이건 비전문적인 사람이 쓸 수도 있고, 전문적인 사람이 쓸 수도 있다. 수필은 글쓰기를 전문으로 하지 않는 사람이 쓰기가 가장 무난한 장르지만, 그렇다고 해서 쉽게 비전문적인 글이라고 단정지어 말할 수는 없다.

언젠가 '한자와의 복합으로 이루어진 단어'가 나왔을 때, 어느 말 뒤에 '一家'라는 말이 붙으면 '그 일에 전문적인 사람'을 뜻한다고 배운 적이 있을 거다.

따라서 '수필가'라는 이름을 달고 있는 나는 비전문인이 쓰는 수필보다 훨씬 짜임새 있고 표현이 정확하고, 그 속에서 감동을 자아내는 수필을 써야 할 의무가 있다."

힘주어 말하는 동안 아이들이 내 말에 공감하고 있음을 눈빛을 통해 읽을 수 있었다. 내 생각이 결코 틀리지 않았다는 걸 확인하는 듯해서 내심 흐뭇했다.

그와 함께 꽃이라는 특정한 소재만을 고집해온 나의 수필 여정 또한 새삼 뿌듯해졌다. 이백 편에 가까운 꽃수필을 써내는 동안 점차 꽃이 나의 일부가 되었음을 느끼게 됐다.

전에는 어디 가서든지 꽃을 보려고 애썼는데 언제부턴가 그것으로부터도 차츰 벗어나게 됐다. 늘 꽃을 마음에 담고 지내다 보니, 굳이 의식을 하지 않아도 꽃이 항상 먼저 눈에 띄곤 했다.

그러다가 다이빙을 하게 되면서 바닷속으로만 관심이 쏠리자 잠시 꽃을 잊고 지냈다. 바닷속에서 만나는 생물들은 이때까지 보시 못한 신기한 것들뿐이라, 그게 오히려 당연한 건지도 몰랐다.

하지만 시간이 지나면서 꽃에 대한 그리움이 서서히 되살아나기 시작했다. 거기다 바닷속 풍경이 눈에 익으면서부터는 여기저기 꽃들이 다시금 보여지기 시작하는 거였다.

자포동물의 일종으로 '바다맨드라미'라 불리우는 갖가지 색깔의 연산호와 말미잘과 해파리며, 환형동물의 한 종류인 꽃갯지렁이와 영락없는 크리스마스트리 모양을 한 가시관 등.

거기에 '바다백합'이라는 별명을 가지고 있는 극피동물의 일종인 바다나리까지. 바닷속엔 놀랍게도, 직접 들어가 보기전까지는 상상도 해본 적이 없을 만큼 꽃을 연상시키는 게 많았다.

그리고 나자 잠시 잊혀진 듯했던 꽃들의 이야기가 또다시 수필에 담아지기 시작했다. 물론 뭍꽃이든 물꽃이든 꽃이 아니면 다루지 않겠다는 생각이 나를 두고 후박나무에 빗대어 말할 만큼 까다롭고 고집스러운 일면이라는 건 알고 있었다.

일본목련이라고도 하는 후박나무는 이식률이 낮아서 옮겨 심기가 어렵다고 들었다. 조심조심 옮겨 심어도 제 비위에 맞지 않으면, 이파리를 축축 늘어뜨리는 바람에 몹시 애를 먹는다고 했다.

"하나, 살아 주기만 하면 다른 꽃이 따라갈 수 없을 정도로 향기로운 꽃을 피우지. 그래서 실패를 하면서도, 혹시나 하는 마음으로 또 심어 보게 되곤 한다니까."

 고개를 저으면서도 덧붙이는 남편의 한 마디는 내가 쓰는 수필에서도 '후박나무가 피우는 꽃의 그윽한 향기'가 배어나오게끔 하고 싶다는 욕심을 강하게 품게 했다.
 내 수필에서도 어느날 그와 같은 향기가 나 준다면, 전문 수필가가 쓴 것다운 수필이 여기 있구나 하는 말을 들을 수 있으련만. 그러기에는 모자람이 너무 많다는 걸 여실히 알기에 오늘도 꽃들을 향해 고집스런 시선을 두어 본다.

황금색 국화

　　시월의 첫날 혜화역에서 내려 명륜동으로 가는 마을버스를 기다리고 있을 때였다. 출구의 계단 한 켠에 층층이 놓인 꽃 양동이로 시선이 갔다.
　　계절 탓인지 국화가 먼저 눈에 들어 왔다. 자주와 보라와 하양과 노랑, 그 중에서도 짙은 노랑의 자잘한 국화가 유독 마음을 끌었다. 두 단을 사서 안고 차에 올랐다.
　　다시금 들여다보니 샛노란 꽃잎이 촘촘히 박혀 알사탕을 반으로 갈라놓은 것 같은 꽃송이가 특이하다. 꽃받침도 이파리도 다 그 꽃송이에 가려 꽃다발은 마치 한 덩이의 황금처럼 보인다.
　　노랑 국화 사이에서도 유난히 두드러져 보였던 건 노랗다고만 하기에는 넘치는 이 황금색 때문이었을까. 꽃송이에서 풍겨나는 향기 또한 그 색깔만큼이나 진하다.
　　문득 금에 대한 이야기를 들은 기억이 난다. 금의 함량이 60% 정도 되는 것을 14금이라 하고 75% 정도 되는 것을 18금이라 하는데, 100%인 것을 애초에 24금으로 설정한 이유는 하루가 24시간이므로 그 숫자를 완전한 것으로 보았기 때문이라는 거였다.

 '그러한 황금색을 띤 이 국화야말로 올 가을에 마주치게 될 완벽한 부부애의 상징이 아닐까.'

 명륜 어린이집에서 내려 언덕진 골목을 걸어 올라가니 정면에 짙은 녹색의 대문이 나타났다. 안쪽으로 난 돌계단 위쪽에 늘어선 화분에서는 국화가 한창이다. 벌써 가을 데려다 놓았구나 싶었다. 그 국화 모두가 노란 색인 게 내심 반가웠다.

 현관에는 크고 작은 하얀 실내화 두 켤레가 나란히 앉아 있었다. 집 주인인 노부부의 도란거리는 목소리가 들리는 듯했다. 거실로 들어서자 창밖의 나무가 어른어른 보이는 흰색 커튼과 닳을 만큼 닳아서 천이 반들반들해진 녹색 소파가 눈에 익었다.

 처음 이곳에 발을 들여 놓았을 땐 예상치 못한 검소함에 놀랍기까지 했다. 으리으리하지는 않아도 꽤 무게있는 가구나 장식품으로 꾸며진 분위려니 했는데, 삼십 년 동안 그대로 살아온 한옥이라 겨울이면 벽 전체에 비닐을 치고 난다던 말이 사실이구나 싶었다.

 낡은 가구가 자리한 그 방을 품격 있게 만드는 건 따로 있었다. 문만 빼고 빙 둘려진 장식대 위에 놓인 갖가지 학교 기념물과 부부가 함께 찍은 사진들. 그것들이야말로 집 주인이 무엇을 소중히 여기며 살아왔는가를 여실히 드러내주고 있었다.

"내가 경희 학원을 세우고 이끌어 나가는 동안, 아무런 말없이 뒷바라지 해준 나의 내자에게 돌아보니 아무 것도 해준 게 없어. 안으로 새긴 게 퍽이나 많았을 텐데. 늦었지만 그 살아온 나날을 한 권의 책으로나마 엮어주고 싶어 자넬 불렀네."

"나야 그저 아버지 하는 일이 내 일이려니 하고 평생을 따랐을 뿐이야요. 다들 걷는 아녀자의 길을 새삼스럽게 장하다고 할 게 뭐가 있갔서요. 그러니 그만두시라요."

평북 운산이 고향이라는 부인은 보통학교 동창생인 남편을 '아버지'라고 불렀다. 네 자녀의 이름을 번갈아 붙여 '누구 아버지' 하다가 차츰 그냥 '아버지' 하게 됐다고 했다. 부인의 남편에 대한 뿌리 깊은 신뢰감이 거기서부터 엿보이는 것 같았다.

한사코 마다하던 부인을 어느 정도 설득했으니, 와서 이야기 나누어 보라는 연락을 받고는 사실 걱정이 앞섰다. 십일월이면 결혼 육십 주년을 맞는다는 노부인의 내조의 공을 내 짧은 글 솜씨로 다 표현해낼 수 있을까 해서였다. 마주앉아 녹차를 마시는 동안 부인에게서는 다행스럽게도 지나간 이야기가 술술 풀려 나왔다.

스물한 살 먹어 배우자감으로 처음 마주 대하던 날, 어찌나 자기 생각과 꼭 맞는 말만 하는지 '내 일생을 맡겨도 되겠구나' 싶었다. 하지만 결혼한 지 두 달만에 신랑은 학도병으로 끌려갔다.

거기다 학도병 만세 사건을 주도했다는 이유로 고문을 받게 되자 쥐약을 가져다 달라고까지 했다. 여차하면 깨끗이 목숨을 끊겠다는 결의를 꺾을 수 없어 건네주고는 눈물을 뿌리며 돌아섰다.

그 뒤 월남을 해서, 부산 피난 시절부터 지금까지 오로지 학원의 발전만을 염두에 둔 남편을 거들기 위해 숱한 일을 겪었다. 시집올 때 가져온 옷감을 내다 팔아 불에 탄 학교 건물을 짓는 데 보탠 일이며, 자금을 구하러 다니다 밤길에 넘어져 이마에 혹이 불거진 일이며 사연은 끝이 없었다. 한데, 부인의 끝말은 의외로 단호했다.

"여태껏 아버지 하자는 대로 따랐을 뿐인데, 내 얘기를 써내서 아버지에게 되려 누가 되지나 않을까 그게 염려가 돼요. 오늘 대화한 것으로 저저 조용히 끝내자요."

내가 가져간 국화를 그제야 풀어 꽃병에 꽂으며 부인은 퍽 흐뭇해 했다. 이북에서 돌아간 시아버지께서 금광을 했었는데 외며느리인 당신을 퍽이나 아껴 주셨다고. 그래서인지 예전부터 시어머니나 자기나 이 색깔을 유난히 마음에 들어 했었노라고.

'부인이 저토록 황금색을 좋아하는 건, 24금이 그렇듯이 흠없는 부부 사랑의 길을 걸어왔기 때문인지 모른다.'

돌아나오는데 빈손으로 보낼 수 없다며 토종꿀 한 단지를 들려주었다. 찬바람이 부는 저녁, 밖에서 돌아온 남편에게 뜨뜻한 꿀물 한 잔 타주라는 당부가 담겨 있는 듯했다.

팔십이 넘은 부인의—아직도 신혼 때 마음가짐으로 남편을 섬기는 정성이 이 가을 황금색 국화로 화해, 날이 갈수록 순도가 떨어져 가는 요즈음 부부애의 표상이 되었으면 하는 바람이 생겨났다.

거베라 헌정

빨강과 주황, 노랑 등 겹꽃 모양으로 피는 거베라는 가운데 짧은 것과 가장자리 긴 것을 합쳐 백 장은 훨씬 넘을 만한 꽃잎으로 이루어져 있다.

강렬하면서도 선명한 색상과 원을 그리는 꽃모양은 물론, 꽃철이 길어 사계절 볼 수 있는데다 한 번 핀 꽃이 아주 오래 가는 까닭에 꽃꽂이를 하거나 화환을 만드는데 즐겨 쓰인다.

꽃장식이나 꽃다발을 만들 때 쓰이는 거베라를 보면 부드러운 줄기를 녹색 테이프로 감아 힘을 주고, 투명 플라스틱으로 된 깔때기를 꽃받침 밑에 끼워 벌어지는 꽃잎을 안으로 모아준다. 그 깔때기를 빼면 이내 꽃모양이 흐트러지고 만다.

수필지도 교수님의 산수傘壽―여든 살이 되시는 해―를 기념해 제자 백한 명이 모여 만든 헌성 수필집을 보면서, 거베라를 떠올린 건 그 꽃의 그런 특성 때문이었을 게다.

교수님께서 이미 손을 떠난 제자들이나 아직 곁에 머물러 있는 제자들에게 거베라에게 있어서와 같은 투명 밑받침 역할을 해주시는 덕에, 그 꽃잎을 닮은 제자들의 마음이 안으로 모아져 소담한 한 권의 책이 엮어질 수 있었으니 말이다.

교수님의 수필과 더불어 삼십여 년 동안 지도해서 배출시킨 제자들의 수필이 한데 실려 있는 그 책이야말로, 수필계의 원로이신 교수님께 사사師事받았다는 자긍심을 심어주고 남았다.

헌정 수필집 발간이 너무 늦었다는 생각이 든 건 지난 해 구월. 한 수필잡지 세미나에 특강을 하러 가는 교수님을 모시고 나선 길이었다. 거기서 그 잡지를 통해 등단한 수필가들이 동인지를 엮어 주간에게 헌정하는 걸 보게 됐다.

그분을 기리는 헌정 수필집은 벌써 출간이 되었다는데, 교수님의 제자들은 나부터 우선 생각이 짧아 거기에 이르지 못했구나 싶었다. 그래서 돌아오자마자 뜻이 맞는 제자 몇 사람을 만나 의논을 하고, 마다하시는 교수님의 허락을 얻어 구체적인 작업에 들어간 것이 올해 칠월.

원고 청탁서를 내려고 보니, 교수님께서 그동안 배출하신 제자 대부분이 다섯 개의 동인회에 나뉘어져 활동하고 있었다. 물론 어느 동인회에도 속하지 않고 개별적으로 활동하는 사람도 있었다.

신우 올리브 북스 ⑤

구월 말로 마감하기로 한 원고가 십일월이 되어서도 계속 들어오는 바람에 십일월 중순이 되어서야 완료를 했는데, 백 명에서 하나가 더해진 숫자였다. 자유롭게 모은 기금도 예상보다 넘쳐서 조촐한 출판기념회 자리까지 마련할 수 있었다.

경과보고를 하면서 나는 빨간 거베라를 연상시킬 만한 옷을 입었다. 헌정의 의미를 담아 만든 그 수필집을 굳이 거베라 한 송이에 비유하며, 교수님께 가르침을 받았다는 자부심이 제자 모두의 가슴에 자리하기를 빌었다.

뒤를 이어 한두 사람의 헌사와 함께 수필집이 헌정되었다. 교수님의 수필 한 편을 한 제자가 낭독하고, 다른 제자는 꽃다발을 안겨드렸다. 교수님께서는 늘 들어오던 까랑까랑한 목소리로 답사를 하셨다.

교수님의 진심어린 말씀에 거베라의 짧고 긴 꽃잎을 닮은 백한 명 제자들의 마음은 다시금 하나가 되어갔다. 거베라의 꽃잎을 안으로 모아주는 투명 깔때기처럼, 아직도 제자들의 글을 다듬어주는 교수님이 계시다는 사실에 새삼 든든함을 느낀 자리였다.

동자꽃 스님

묵주 반지를 낀 내가 혜담스님 일에 적극적인 걸 보고 의아해 하는 이들이 있다. 어떻게 만나게 되었는지부터가 궁금한 모양이다.

이년 반 전의 그날이 토요일인 것만은 확실하다. 문예반을 데리고 인사동으로 전일제 특활을 하러 갔었다. 퇴직을 앞두고 있던 터라 내게는 마지막 야외 수업이었다.

삼십 명쯤 되는 학생들을 데리고 그곳에 가서 찻집 이름을 눈에 띄는 대로 적어 보게 하고, 그 중에 마음에 드는 걸 하나씩 골라 설명을 붙여 제출하라고 할 예정이었다.

스님과의 만남이 이미 예고되어 있었다는 걸 그날 거기 가서야 알았다. 전 날 신문 문화면에 고려 불화를 재창현한다는 그분의 기사가 실렸는데 이상하게 마음이 끌렸었다.

"본인이 토굴에서 수행 정진하던 어느날 새벽, 관세음보살님을 친견하고 그림을 그리기 시작한 것이 인연이 되어 고려 불화 재현 작업에 몰입한 지 어언 이십 년입니다.

하루 열시간 이상을 꼬박 작업해도 한 작품을 완성하기까지는 칠 팔 개월이라는 시간이 걸립니다. 수전증으로 인해 떨리는 손으로도 그 정교하고 섬세한 표현이 가능한 것은 고려시대 화승들의 혼이 내 안에 살아 있기 때문일 것입니다."

함께 실린 사진으로 보아서는 비구 스님인지 비구니 스님인지 구분이 안 갔다. 계태사라는 절도 이름으로 보아서는 충청도 어느 산골에 있을 듯해서 만나 뵙기는 힘들겠구나 했다.

문예반을 데리고 인사동에 갔을 때는 오월 중순이라 가는 비가 내렸다. 하필이면 공사중이라서 포크레인이 오고가고 길까지 질척거리는 바람에 도저히 학생들을 풀어 놓을 수가 없었다.

찻집 이름 찾기고 뭐고 다 접어 둔 채, 경복궁 민속 박물관에나 들여보낼 요량으로 안국동 쪽으로 데리고 갔다. 육교를 건너다 보니 백상기념관 벽에 걸린 현수막이 눈에 들어왔다. 자세히 보니 바로 그 스님의 전시회를 알리는 내용이었다.

우리 저곳부터 관람하자며 들어간 일층 전시실에는, 상당히 큰 아미타좌불도며 아미타삼존도며 미륵 하생경 변상도며 수월관음도등이 걸려 있었다. 비단에 채색을 하고 금가루를 개어 일일이 문양을 그려 넣었다는 안내자의 설명을 듣자니 감탄이 절로 나왔다.

이층 전시실에서 마주친 스님의 모습은 예상과는 달랐다. 풀 먹인 먹물빛 삼베옷을 입었음에도 불구하고 몹시 연약해 보이는 몸체였다. 뺨 또한 발그레해서 소녀 같은 느낌을 주었다.

그런데 합장을 하며 '어서 오십시오' 하고 입을 열자, 믿어지지 않을 정도의 탁한 음성이 새어 나왔다. 삭발은 했지만 흰머리의 언뜻언뜻 보임과 거칠고 굵은 목소리가 주는 힘이 정진한 세월이 결코 짧지 않았음을 충분히 가늠케 했다.

"국교가 불교였던 고려시대에 그려진 불화는 왕족과 귀족들의 생활상이 담겨 있어 화려하고 위풍당당합니다. 여러 화공들이 창출해 낸 구도와 인물 배치, 색감과 문양들은 현대 작품에 견주어도 손색이 없을 만큼 아름답습니다.

다만, 우리가 그 문화 유산을 지키지 못해 백여 점 남아 있는 원화가 대부분 남의 나라로 유출되었습니다. 정작 우리는 볼 수 없다는 사실이 안타까워서 이 빈승이 재창현 작업에 매달린 것입니다."

매료된 것은 정작 나여서, 학생들을 경복궁에서 돌려 보내고는 다시 찾아갔다. 그리고나서 학교를 나온 지 몇 달 후, 수원에 있는 그 절에 가서 기어이 오백나한도 한 점을 모셔 왔다. 나한羅漢은 불교에서 온갖 번뇌를 끊고 깨달음의 경지에 도달한 성자였다.

스님이 직접 와서 내 방에 걸어 주고 가신 그림을 보고 있노라면 어느 순간 그 속으로 빨려 들어가고 있는 듯하다. 벽 한 면을 다 차

지한 그림은 주황빛이 전체에 깔려 붉은 노을을 연상시킨다.

황천으로 향하는 길에 다리를 쉴 겸 바위에 걸터앉은 나한님 앞에는 합장을 하고 선 동자가 있다. '마지막 가르침을 주고 가소서' 하는 표정이다. 걸터앉은 나한님의 얼굴이 스님과 어찌 그리 닮았는지, 내가 그 동자가 된 듯한 착각마저 든다.

어떤 때는 화면 전체가 만발한 동자꽃으로 보일 때도 있다. 여름날 우리 나라 산에서 피는 동자꽃은 끝이 갈라진 다섯 장의 주황빛 꽃잎이 주는 색감이 그 그림만큼 강하다.

스님께서도 이건 힘이 넘칠 때 그린 거라고 하셨다. 여러 점의 불화 중에서 유독 마음을 빼앗긴 까닭도, 스님의 개인적인 예술혼이 가장 짙게 배어 있다는 느낌 때문이었을 게다.

회갑을 바라보는 연세임에도 스님을 뵈면 그 표정이나 몸놀림이 얼마나 천진스러운지 마치 동자승을 보는 듯하다. 옛날 노스님과 살던 동자가 스님이 식량을 구하러 갔다가 눈 때문에 길이 막혀 오지 못하자, 겨우내 혼자서 떨다가 죽었다.

그 동자의 무덤가에서 피어난 꽃이 동자의 뺨처럼 붉어 동자꽃이라 했다. 그 동자가 고려 화승으로 다시 태어나고, 혜담스님의 혼이 되어 저 동자꽃 빛깔의 나한도를 완성시킨 건 아닐까.

지난 봄에 열린 '고려 불화 특별전'에서는 큐레이터 역할을 맡아 보름간을 오가며 스님께 들은 대로 관람객들에게 설명을 했다.

간혹 내 손가락에서 묵주 반지를 발견한 사람들이 의아한 눈빛으로 쳐다봤다. 그들에게, 비오는 날 인사동을 거쳐 안국동에서 맺어진 인연을 되풀이해 들려주며 빙그레 웃곤 했다.